Fresh Facts

PALMAS/RET

@ LAS PALMAS

ZONE
30
ZONE

De beste gebouwen van
jonge architecten in Nederland

NAi Uitgevers

Fresh

Facts

The Best Buildings by Young
Architects in the Netherlands

NAi Publishers

Fresh

Facts

Experimenteel pragmatisme: De immer 'fresh facts' van de Nederlandse architectuur

Voorwoord

Experimental Pragmatism: The Ever Fresh Facts of Dutch Architecture

In de Nederlandse architectuur is de experimentele traditie sterker dan in enig ander land ter wereld. In ieder geval gedurende de afgelopen honderd jaar zijn de architecten in dit kleine land dankzij de inzet van hun specifieke vakkennis in staat gebleken concrete alternatieven te bieden voor de manier waarop economische, sociale en culturele verbanden zijn vastgelegd in de dagelijkse leefomgeving van de Nederlanders. Ze deden dit door hun palet te beperken en vooral te trachten een dichtbebouwde omgeving een illusie van ruimtelijke continuïteit en expansie te geven. Het resultaat hiervan is een puzzle-achtige bestemming van de ruimte en een vermijden van monumentaliteit. Nederlandse architecten hebben steeds het belang benadrukt van basiselementen als sociale woningbouw en infrastructuur, en hebben dat zo uitgevoerd dat zowel de constructie als de typologie hiervan een zekere vanzelfsprekendheid heeft. De beste Nederlandse architecten hebben – in ieder geval de afgelopen vijf jaar – in deze traditie werk gemaakt dat bekend is geworden als 'kritisch' of 'experimenteel pragmatisme'. Dit is een manier om gebouwen en grotere gebouwde agglomeraties te creëren waarbij men zichzelf rigoureuze randvoorwaarden oplegt met betrekking tot wat aanvaardbaar is – zowel in financieel als cultureel opzicht – en binnen deze strakke kaders toch mogelijkheden weet te vinden om radicaal nieuwe beelden, ruimtes en vormen te scheppen.

Dit geldt ook voor de nieuwste generatie architecten die hun stempel drukken op de gebouwde omgeving in Nederland. Zij maken gebruik van de computer, zijn bereid het idee op te geven dat het afzonderlijke gebouw de toetssteen van alle architectuur zou zijn en hebben belangstelling voor het hergebruiken van vormen, materialen en ideeën. Ze hebben deze traditie met

Preface

The Netherlands has an experimental tradition in architecture that is stronger than that in any other country in the world. For at least the last hundred years, architects in this small country have been able to use their particular discipline to offer concrete alternatives to the way in which economic, social and cultural relationships are represented in the spaces the Dutch inhabit every day. They have done so through the use of a reductive palette and through concentrating on the creation of an illusion of spatial continuity and expansion in a tightly built-up environment. This has resulted in a puzzle-like allocation of spaces and an eschewing of monumentality. They have emphasised the importance to the discipline of such basic programs as social housing and infrastructure and have carried them out in such a way that both the construction and the typology of these forms are evident. As a result, the best Dutch architects have produced what has come to be known, at least for the last five years, as 'critical' or 'experimental pragmatism'. This is a method of creating buildings and larger built-up agglomerations that insinuates itself within the rigorous parameters of what is acceptable – both financially and culturally – and manage to find within those strict outlines the possibilities for producing radically new images, spaces and forms.

This is also the case with the latest generation of architects who are making their mark on the built-up environment in the Netherlands. Through the use of computers, their willingness to give up the notion of the stand-alone building as the touchstone of all architecture, and their interest in the re-use of form, material and ideas, they have enriched this tradition with their own distinctive voice. While continuing the practices established by those who have taught and influenced them.

hun eigen unieke stemgeluid verrijkt, terwijl ze tegelijkertijd aansloten op de praktijk zoals die door hun leermeesters en inspiratoren werd ontwikkeld.

De hoofdtaak van het Nederlands Architectuurinstituut (NAi) is het verzamelen, instandhouden, onderzoeken en bespreken van het Nederlandse culturele erfgoed zoals dat is vastgelegd in de Nederlandse architectuur. Het NAi ziet het dan ook als zijn natuurlijke taak dit nieuwe werk te verzamelen en tentoon te stellen. Het instituut bezit een nagenoeg complete collectie van de archieven van Nederlandse architecten vanaf het begin van de negentiende eeuw, maar de collectie is enigszins gebrekkig waar het werk betreft dat in de jaren zeventig en tachtig van de twintigste eeuw is gemaakt. Op het instituut worden momenteel verschillende initiatieven ontplooid om de collecties zowel in de breedte als in de diepte uit te breiden. Een van deze initiatieven is de instelling van de NAi Prijs, die in 2002 in het leven is geroepen. Deze prijs zal om de twee jaar worden uitgereikt aan het beste door een architect van onder de veertig ontworpen gebouw dat werd gerealiseerd in de twee jaar voorafgaand aan de toekenning. De genomineerden en de winnaars zullen worden aangewezen door een internationaal panel van deskundigen, en de tekeningen en maquettes bij de inzendingen zullen worden opgenomen in de archieven van het NAi. Op deze wijze zal de collectie worden uitgebreid met belangrijke en typische bouwwerken van een aantal van de beste ontwerpers die op een bepaald moment werkzaam zijn.

Met de eerste groep genomineerden wordt vooral het belang belicht van de zo evident aanwezige continuïteit in de Nederlandse experimentele architectuur. Er ligt een sterke nadruk op het gebruik van architectuur die de infrastructuur laat zien, zoals bijvoorbeeld blijkt uit de tijdelijke fietsenstalling voor het

The Netherlands Architecture Institute (NAI) has as its central task the collection, preservation, examination and discussion of the cultural legacy of the Netherlands as it is fixed in this country's architecture, and thus it sees it as its natural task to collect and exhibit this new work. The Institute has an almost-comprehensive collection consisting of the archives of Dutch architects starting at the beginning of the 19th century, but this archive is somewhat lacking in the work produced during the 1970s and 1980s. The Institute is currently engaged in several initiatives to both extend and deepen its collections, and in 2002 it started the NAI Prize as part of this effort. The Prize will be awarded once every two years to the best building, constructed in the two years prior to the award date, designed by an architect under forty years of age. The nominees and winners will be selected by an international panel of experts, and the drawings and models that make up the submission will become part of the NAI's archives. In this manner, the collection will include significant and typical structures by some of the best designers working at any given moment.

The first group of nominees highlights the continuity evident in Dutch experimental architecture. There is a strong emphasis on using architecture to reveal infrastructure, as is evident in the temporary bicycle facility for the Amsterdam Central Station designed by VMX Architects. There is an interest in packaging and display as an integrated part of the work of the architect, as NL Architects show in their design for the Mandarina Duck showroom in Paris. When Dutch architects create monumental structures, they do so out of the most mundane materials and in a manner that resembles closely the flat landscape out of which these structures emanate, such as René van Zuuk's 'De Verbeelding' pavilion. Finally, there is a strong emphasis on finding new ways of

Centraal Station in Amsterdam naar ontwerp van VMX Architects. Er is belangstelling voor het verpakken en uitstallen als geïntegreerd onderdeel van het werk van de architect, zoals NL Architects laten zien in hun ontwerp van de Mandarina Duck-showroom in Parijs. Als Nederlandse architecten al monumentale constructies creëren, dan doen ze dat met de meest alledaagse materialen en op een wijze die zich voegt naar het vlakke landschap waaruit deze bouwwerken, zoals René van Zuuks paviljoen De Verbeelding, oprijzen. Ten slotte is er ook een sterke nadruk op het zoeken naar nieuwe toepassingen van gestandaardiseerde bouwmethodes op nieuwe woninglocaties en -vormen. 'ParaSite' van Korteknie Stuhlmacher en het woningproject in Ypenburg van MVRDV laten beide zien hoe bestaande en herkenbare vormen op bestaande bouwwerken kunnen worden bevestigd of ervan kunnen worden afgeleid.

Tezamen laten deze vijf briljante voorbeelden van experimenteel pragmatisme zien hoe vitaal de modernistische traditie in Nederland is: men aanvaardt de realiteit van het moderne leven en de fysieke omgeving waarin we wonen, maar weigert dit feit als een statisch en onveranderbaar gegeven te zien. De vijf genomineerde inzendingen voor de NAi Prijs zijn op zichzelf te beschouwen als prototypen die laten zien hoe architecten binnen de Nederlandse experimentele traditie dit soort feiten steeds weer met een nieuwe frisse blik bekijkt.

Aaron Betsky
Directeur Nederlands Architectuurinstituut

Preface

using standardised building methods to find new configurations and forms for housing. Both Korteknie Stuhlmacher's 'ParaSite' and the Ypenburg housing project by MVRDV show how existing and recognisable forms can be superimposed on, or derived from, existing structures.

Taken together, these five brilliant examples of experimental pragmatism show the vitality of the Dutch modernist tradition, which accepts the reality of our modern condition and the physical environment we inhabit, but refuses to let that become a static and immutable presence. The five nominees of the NAI Prize are in themselves prototypes that show how the Dutch experiment views such facts in an ever-fresh manner.

Aaron Betsky
Director, Netherlands Architecture Institute

Fresh

Concept

Parasite
Een parasiet is een organisme dat leeft ten koste van een ander organisme. Een bouwwerk of gebouw dat gebruikmaakt van de uitgebreide voorzieningen en infrastructuur van een stedelijke context kan een stadsparasiet worden genoemd. Stadsparasieten, architectonische objecten als woonboten of uitbreidingen van bestaande huizen, zoals dakkapellen, dragen bij aan de dichtheid en diversiteit van een stad, zonder dat ze eigen ruimte of infrastructuur vergen.

Para-site
Het woord para-site [para-plek] duidt op velerlei plekken in het stedelijk weefsel die gewoonlijk worden beschouwd als (tijdelijk) ongeschikt voor permanente bewoning. We vinden zulke plekken niet alleen aan de fysieke rand van de stad, maar ook in de figuurlijke randgebieden die zich willekeurig waar in het bestaande stadsweefsel kunnen bevinden, zoals braakliggende bedrijfs- of haventerreinen, gaten in de dichtbebouwde binnenstad, binnenhoven, plantsoenen en achtertuinen, leegstaande winkelcentra, de platte daken van bestaande gebouwen, kanalen, waterbassins en meren, etcetera. Het project wil de aandacht vestigen op deze locaties en voorstellen ontwikkelen om
ze nieuw leven in te blazen en in de stad te reïntegreren. Meer kennis van en meer belangstelling voor zulke 'para-sites' biedt onverwachte mogelijkheden, zowel voor de stad als voor de architectuur.

P.A.R.A.S.I.T.E.
De afkorting Prototypes for Advanced, Ready-made, Amphibious, Small-scale, Individual, Temporary, Ecological huizen en boten beschrijft het architectuurprogramma van het Parasite-project. Het project wil een stimulans bieden aan vernieuwende architectuur door in te gaan op kwesties waarover momenteel onder architecten, ontwikkelaars en de bouwsector veelvuldig wordt gediscussieerd: hoe kunnen architecten werken in een cultuur die toenemend is gericht op standaardisatie en prefabricage? Wat is het belang van het specifieke, onvervangbare en persoonlijke in de architecturale cultuur, als de woningproductie zich in toenemende mate laat leiden door de eisen van de markt en de industrialisering? Parasite-objecten zijn individueel ontwikkelde woningen en boten waarbij technisch en ruimtelijk wordt geëxperimenteerd met de condities van prefabricage en hedendaags wonen.

Parasite
A parasite is a creative living on the expense of others. A structure or a built object making use of extensing resources and infrastructure in an urban context could be called a city parasite. City parasites, architectural objects such as houseboats or additions to existing houses like roof-top extensions contribute to the density and multiformity of a city without requiring their own space and infrastructure.

Para-site
The word para-site describes all kinds of locations within the urban fabric that are usually regarded as being (temporarily) not suitable for permanent inhabitation. These locations we do not only find on the physical edge of a city but also on figurative fringe areas every-where within the existing city fabric such as industrial wastelands, disused harbour areas, gaps in dense inner cities, courtyards, backyards and gardens, disused commercial areas, the flat roofs of existing buildings, canals, water basins and lakes etcetera. The project has the aim of putting attention to these locations by developing proposals to revitalise and to reintegrate them in the city. An increased awareness and interest for para sites could offer unexpected possibilities for both the city and architecture dealing with them.

P.A.R.A.S.I.T.E.
The abbreviation Prototypes for Advanced / Ready-made / Amphibious / Small scale / Individual / Temporary / Ecological houses and boates describes the architectural programme of the Parasite project. The project has the aim of stimulating innovate architecture by dealing with issues currently widely discussed amongst architects, developers and the building industry: how can architects work within a culture increasingly focused on standardisation and prefabrication? What is the importance of the specific, unexchangeable and personal within the architectural culture if the housing production is increasingly market-orientated and industrialised? Parasite objects are individually developed houses and boats experimenting technically and spatially with the conditions of prefabrication and contemporary living.

Het project

Het Parasite-project is opgezet als een combinatie van architectuur-onderzoek en een tentoonstelling van experimentele gebouwen. Het gaat in op kwesties rond hedendaagse tijdelijke huisvesting met bijzondere aandacht voor locaties die normaal gesproken niet als bouwlocaties in aanmerking worden genomen. Als stedenbouwkundig en architectonisch experiment moet het project zijn relevantie waarmaken door te komen met zichtbare en tastbare architectonische resultaten.

Het project richt zich op het ontwikkelen van innovatieve, kleinschalige bouwwerken, Parasietobjecten genoemd. Parasietobjecten in de stad maken uitsluitend gebruik van wat er al is. Ze vragen geen speciale funderingen of installaties, ze laten geen blijvende sporen in het landschap na en ze leggen geen blijvend beslag op ruimte. Integendeel: de objecten vinden ruimte die normaal gesproken onopgemerkt of ongebruikt zou blijven. Ze ontdekken leefruimte waar niemand die zou verwachten; para-sites worden letterlijk gecreëerd.

Het project vertrekt vanuit de erkenning dat het prototypische programma van een woonhuis, hoe klein ook, bij uitstek de toetssteen vormt voor architectuurideeën, en het neemt het woonhuis dan ook als uitgangspunt.

De deelnemende architecten, een selectie van Europese architectenbureaus en teams van studenten aan een aantal Europese architectuuropleidingen, is gevraagd elk een eigen Parasiet-object te ontwerpen: een huis, boot of caravan, een villa, een doos of koffer, een meubelstuk of een machine – kleine objecten om in te wonen, minimale bouwwerken en unieke voorbeelden van specifieke, persoonlijke en pasklaar gemaakte woningen.

Geïnspireerd door het fameuze Case-Study woningbouwprogramma dat eind jaren veertig werd gelanceerd door John Entenza, de hoofdredacteur van het tijdschrift *Arts and Architecture* in Californië, moet het project een testprogramma zijn van experimenten met de veranderende ruimtelijke behoeften rond de millenniumwisseling en de technische en experimentele mogelijkheden van nieuwe, traditionele of herontdekte (bouw)technologieën.

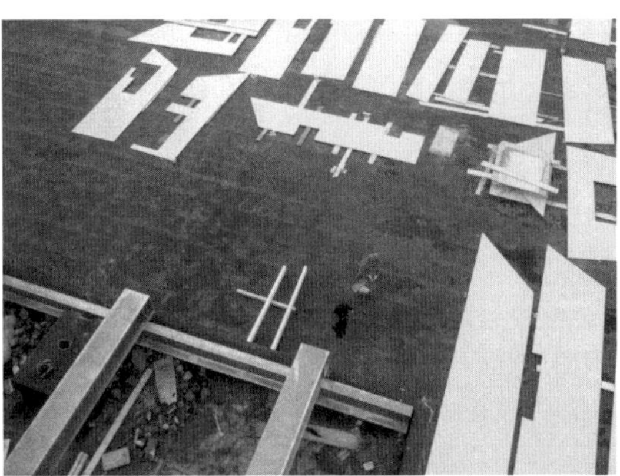

The project

The Parasite project has been set up as an architectural research project and an experimental building exhibition. It deals with the issues of contemporary temporary housing focusing on locations that are usually not regarded as building sites. As an urban and architectural experiment the project has to prove its relevance by presenting visible and touchable architectural results.

The project has the aim to develop innovative small-scale works of architecture, the Parasite objects. Parasite objects in the city make exclusive use of what is already there. They don't require special foundations and installations, they don't leave permanent traces in the landscape and they don't occupy space permanently. In contrast, the objects find space that would normally remain unnoticed or unused. They discover space for living where nobody would have expected it and literally create their Para-sites.

Recognising the prototypical programme of a house, however small it might be, as the most prominent test case for architectural ideas, the project takes the house as its starting point.

The participating architects, selected European practices and student teams from a number of European schools of architecture have been asked to design their own Parasite object, a house, a boat, a caravan, a villa, a box, a suitcase, a piece of furniture or a machine – small objects to live in, minimal works of architecture and unique examples for specific, personal and tailor made dwellings.

Inspired by the famous Case-Study houses programme organised in the late forties by the editor of the Californian magazine *Arts and Architecture* John Entenza, the project has been set up as a test case to experiment with the changing spatial needs at the turn of the millennium and the technical and experiential possibilities of new, traditional or rediscovered (building-) technologies.

Standaardwoningen
Meer dan ooit tevoren in de geschiedenis leven we te midden van in veelvoud geproduceerde woningen. Kant-en-klare, geprefabriceerde, gestandaardiseerde objecten doordringen en bepalen overal onze leefomgeving, in alle tijden en alle aspecten van het leven in onze maatschappij. De bouwsector heeft weliswaar nog niet het niveau van industrialisatie bereikt als bijvoorbeeld de auto-industrie, maar er is een sterke tendens en grote economische druk om de bouw en woningproductie op overeenkomstige wijze te rationaliseren.

In het huidige debat over nieuwe, 'lichtere' (sub)urbane strategieën wordt de architectuur zelf gewoonlijk beschouwd als min of meer onbelangrijk. Maatwerk wordt verdrongen door catalogushuisvesting. De architectuur als discipline ondergaat als gevolg hiervan drastische veranderingen en verliest geleidelijk aan haar rol en betekenis.

Toch hechten velen van ons nog altijd enorm veel belang aan een unieke en persoonlijke leefomgeving. Hoe groot ook de voordelen die gestandaardiseerde woningen beloven, velen van ons blijven een sterk (nostalgisch?) verlangen koesteren naar een persoonlijke en onvervangbare identiteit, voor onszelf en onze omgeving. Het Parasite-project heeft de ambitie architectuurwerken te ontwikkelen die dit verlangen vervullen, met als expliciet doel de viering van de specifieke waarde van het unicum.

Mechthild Stuhlmacher in 'Parasites for Malmö', 1999, essay als uitnodiging voor deelname in het Parasite-tentoonstellingsproject, niet gepubliceerd. De naamsgelijkheid met een eerder door Kas Oosterhuis en Ilona Lénárd uitgevoerd project is onbedoeld en toevallig. De ondertitel 'The city of small things' is de titel van een essay van Irénée Scalbert, geschreven in 2000 voor het Parasite-project.

Standard housing
More than ever before in history we are surrounded by multiples. Prefabricated ready-made, standardised objects have an all-permeating, all-determining presence everywhere, at all times and in all aspects of life in our society. Though the building industry in general has not reached the level of industrialisation for example achieved by the car-industry, there is the strong tendency and the economic pressure to rationalise the building and housing production similarly.

In the current debate about new, 'lighter' (sub-) urban strategies, the architecture itself is usually regarded as being more or less unimportant. Catalogue housing replaces tailor made production. Consequently architecture as a discipline changes drastically gradually losing its role and significance.

Yet for many of us a unique and personal living environment remains extremely important. Despite the promised advantages of standardised houses, many of us continue to feel very strongly a (nostalgic?) longing for a personal, unexchangeable identity, for ourselves and our surroundings. The Parasite project has the ambition to develop works of architecture that fulfil this desire. It is explicitly set up to celebrate the specific value of the unique.

Mechthild Stuhlmacher in 'Parasites for Malmö', 1999, essay as an invitation to participate in the Parasite exhibition project, unpublished. In 1994 the term Parasites was used by Kas Oosterhuis and Ilona Lénárd for an architectural project. The similarity between this earlier project and the initiative documented in this exhibition is merely accidental. The subtitle of the project 'The city of small things' is the title of an essay by Irénée Scalbert written in 2000 for the Parasite project.

**De verbeelding
van het landschap**
Als onderdeel van een route langs kunstwerken in het polderlandschap werd gevraagd om een kunstpaviljoen voor tentoonstellingen te maken dat een centrale functie zou vervullen in deze kunstroute. In de oorspronkelijke situatie zou het paviljoen op de achtergrond gesitueerd worden gevangen tussen bebouwing en dichte begroeiing. Door het kunstpaviljoen centraal in het water te plaatsen wordt het paviljoen het brandpunt van de verschillende zichtlijnen die vanuit de omgeving op het kunstpaviljoen gericht zijn. Vanaf een tweetal bruggen is onder andere te zien hoe het kunstpaviljoen 'de verbeelding' een centrale positie inneemt volledig ingekaderd door de natuur en de bijbehorende kunstwerken van de route.

Torderen van een schuur
Door het lage budget dat beschikbaar was voor de bouw van het paviljoen is gebruikgemaakt van een standaardconstructieprincipe, dat ook gebruikt wordt voor de bouw van schuren. De combinatie van een eenvoudige materialisatie met de spannende vorm wordt het kunstpaviljoen een interessant object in de natuur. Door elk houten spant een kleine hoekverdraaiing te geven ten opzichte van het scharnier ontstaat een waaier. Door deze verdraaiing van de spanten worden de aluminium dakplaten getordeerd. De drie ontstane waaiers omarmen de tentoonstellingsruimte en geven het paviljoen een luchtige uitstraling.

Tekst René van Zuuk

**The imagination
of the scenery**
As part of a route along artworks in the polder landscape we were asked to create an art pavilion for exhibitions, which would fulfil a central role in this route of art. In the original situation the pavilion, was situated in the background, would be captured between buildings and dense vegetation. By placing the art pavilion centrally into the water it becomes the focus of the different open viewpoints in the landscape. From the two bridges you can see how the art pavilion called 'De Verbeelding' takes a central position fully enclosed by nature and the art works in it surroundings.

The rotation of a barn
Due to the low budget that was available for the construction of the pavilion, we used a standard construction principal, which is also used for the construction of barns. The combination of simple materialisation with the exciting form of the art pavilion makes it an interesting object in nature. By rotating every wooden rafter a bit with regard to the hinges on the floor a fan is created. By this rotation of the rafters the aluminium roof plates become twisted. The created three fans embrace the exhibition areas and give the pavilion an light image.

Text René van Zuuk

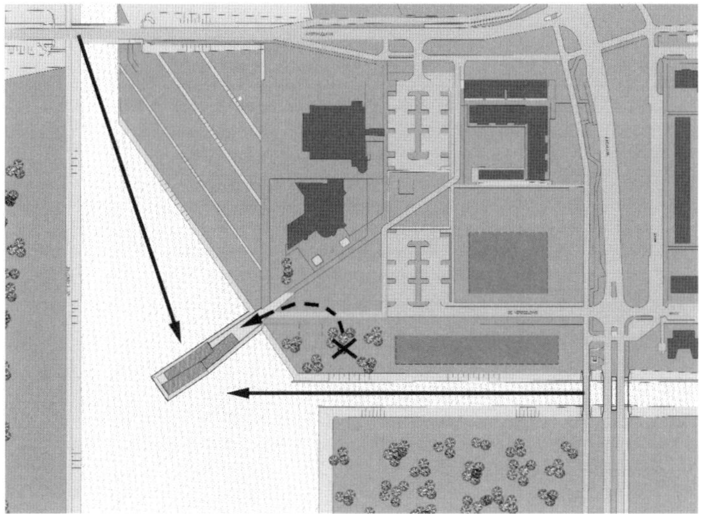

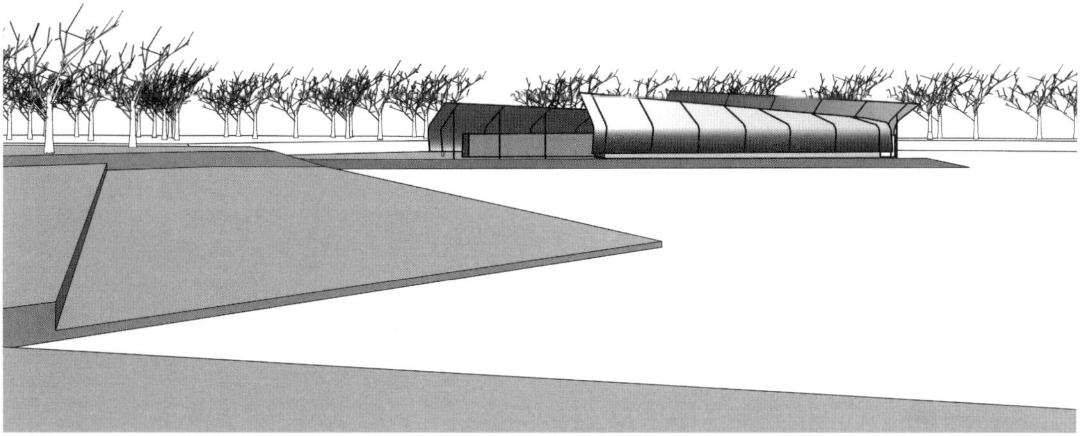

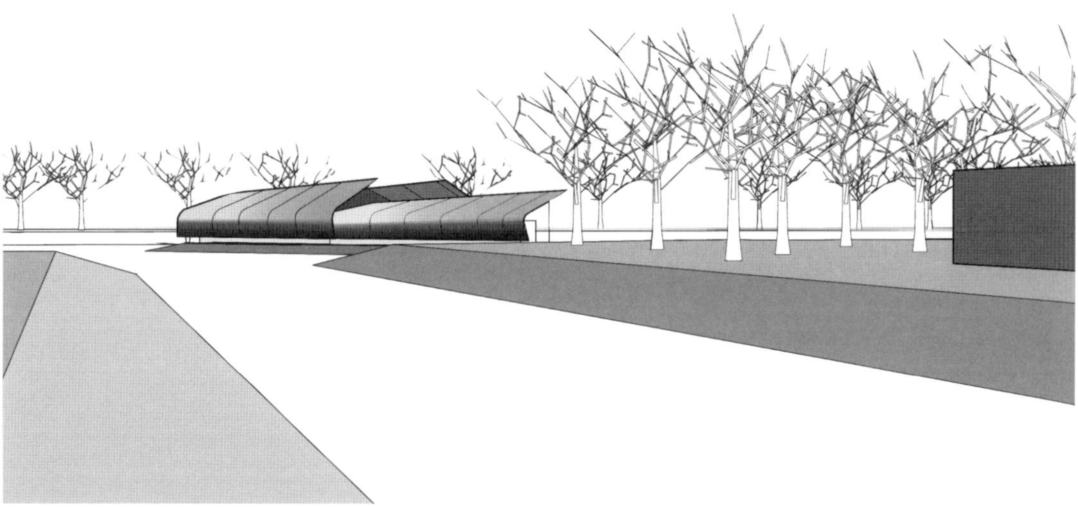

René van Zuuk Architects

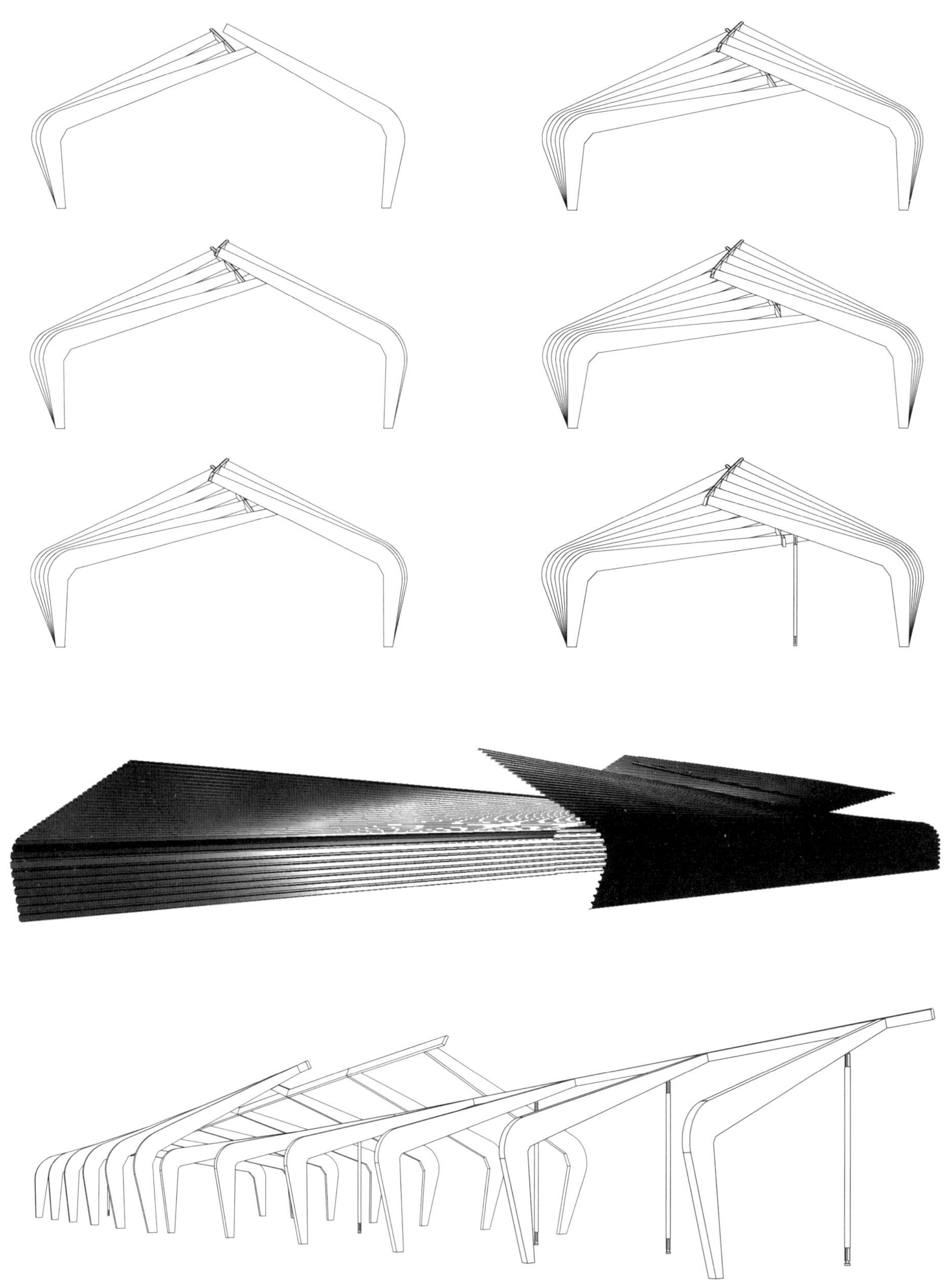

René van Zuuk Architekten

Het Hageneiland is opgebouwd uit vier rijen tegen elkaar aangeschoven kavels met woningen, die omsloten worden vanaf de omringende straat en via halfverharde tuinpaden. Door de plaatsing van de huizen te variëren, ontstaan er verschillen in de karakters van de huizen en de tuinen: zo ont-staan er huizen met een grote voor-tuin, met alleen een grote achtertuin, of met een gelijke voor- en achtertuin. De tuingrenzen worden gerealiseerd door middel van hagen.

Door een afwisselende plaatsing van losstaande huizen, twee-onder-één-kapwoningen en langere rijen-woningen ontstaat een afwisselend luchtig beeld met vele doorkijkjes. Voor de bebouwing wordt een aantal materialen toegepast, waarmee de 'klassieke' huizen worden ingepakt. Zo wordt het ene blok geheel van hout en het andere bijvoorbeeld van dak-pannen. In de tuinen komen bergingen te staan van glas, zodat deze zelfs als kas gebruikt kunnen worden.

Tekst MVRDV, prijsvraaginzending Hageneiland

The Hagen Island is built up out of four rows of plots with houses which are shuffled along each other. The houses are opened up by the surrounding street and partly hardened garden paths. By differing the placing of the houses, differences in character of the houses and the gardens arise: houses with big gardens in front, houses with only a garden in the back or houses with equal gardens in front and in the back of the house. Hedges form the borders between the gardens.

By the alternate placing of single houses, two in a row houses and longer rows of houses an varied image arises with a lot of see-through-sights. For the building several materials are used with which the 'classic' houses are rapped up. One block will be entirely made of wood, another block entirely made of stone. Storerooms entirely made of glass will be placed in the gardens so they can also be used as greenhouses.

Text MVRDV, competition entry Hagen Island

MVRDV

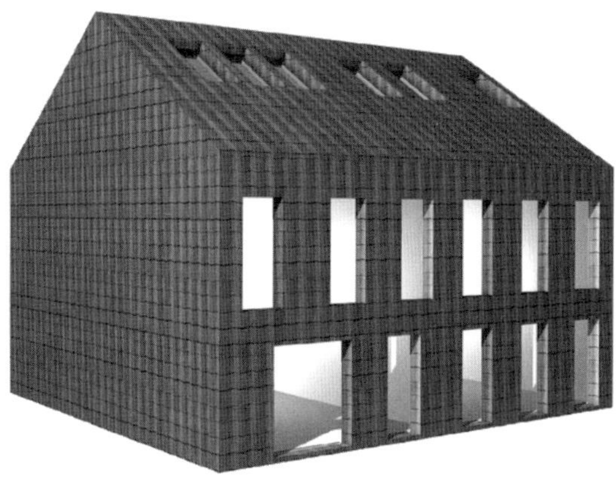

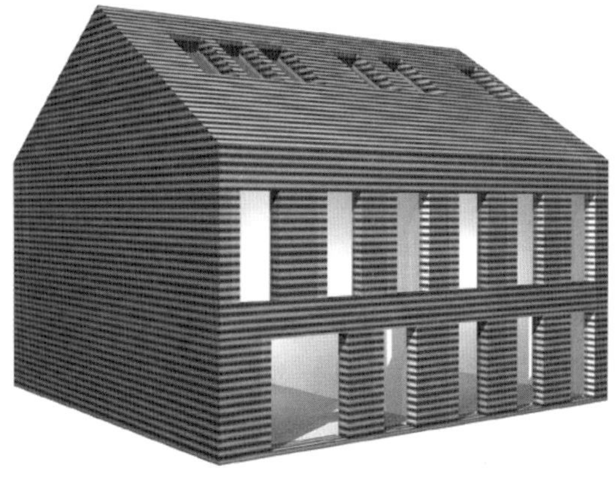

In verband met de aanleg van de Noord-Zuidlijn, het nieuwe busstation en het ondergrondse voetgangersknooppunt wilde de Gemeente Amsterdam het plein voor het Centraal Station bevrijden van de enorme fietsenmassa. De schattingen over het aantal fietsen dat er rondslingerde liepen op tot 5000. Een tijdelijke fietsenstalling in het water tussen de Lovers-kade en het Ibishotel was de hiervoor beoogde oplossing. Het programma van eisen stelt een maximale lengte van 110 meter, een maximale breedte van 17,5 meter en een capaciteit voor 2.500 fietsen. Verder moest het gebouw als zelfstandige constructie kunnen worden uitgevoerd, minimum 2 meter van de kade, en met het in stand houden van de rondvaartboten.

Het uit deze voorwaarden afgeleide ontwerp gaat uit van een uiterst functionele stalling. Het gebouw heeft drie ingangen: één aan de fietsbrug aan de westkant, één in het midden en één brede ingang die de verbinding maakt met het drukke fietspad over de brug aan de oostkant. De bestaande aflopende kademuur ter plaatse van het Stationsplein, met een hoogteverschil van 1,25 meter, is gebruikt om een stelsel van hellingsbanen te creëren waarop aan beide kanten de fietsen gestald kunnen worden. Rode asfalt is als een loper over de hellende vlakken doorgetrokken. Een aantal trappen werkt als *shortcuts* tussen de verschillende verdiepingen, maar fietsers zullen liever de hellingsbanen gebruiken om van boven naar beneden te fietsen. De expressie van het gebouw wordt gevormd door de zakelijke detaillering en materiaalkeuze, maar voornamelijk door de sculpturale vorm van de hellende vlakken.

Tekst VMX Architects

In conjunction with the construction of the north-south metro line, the new bus station and the underground pedestrian passage, the municipality of Amsterdam wants to free the entrance plaza of Central Station from the mass of bicycles. The estimated number of bicycles has risen to 5000. A temporary bicycle storage in the water between the Lovers quay and the Ibis Hotel is the proposed solution. The brief states a maximum length of 110 meters, a maximum width of 17.5 meters and a capacity of 2,500 bicycles. The construction must be self-standing, a minimum of 2 meters from the quay and executed with an overhang.

The design is based on a very functional storage. The building has three entrances: one at the cyclist bridge on the western side, one in the middle and a wide one connected to the busy cycle route over the bridge on the east side of the storage. Using the existing height difference along the station square of 1.25 meters a system of slopes has been created on which the bicycles can be stored. Red asphalt is laid over the slopes like a carpet. Short cuts for going up do exist in a number of bicycle stairs, but undoubtedly cyclists will prefer to go down using the ramp. The expression of the building will be made by an efficient detailing and material choice, but chiefly by the sculptural form of the slopes.

Text VMX Architects

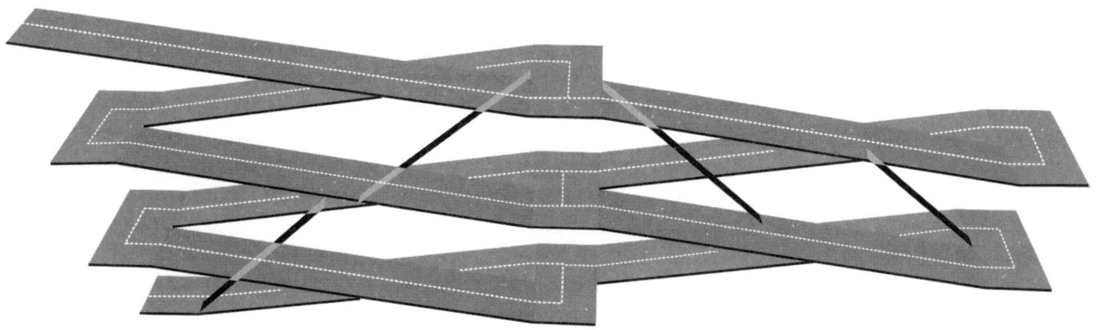

Hellingsbanen en shortcuts
Ramps and shortscuts

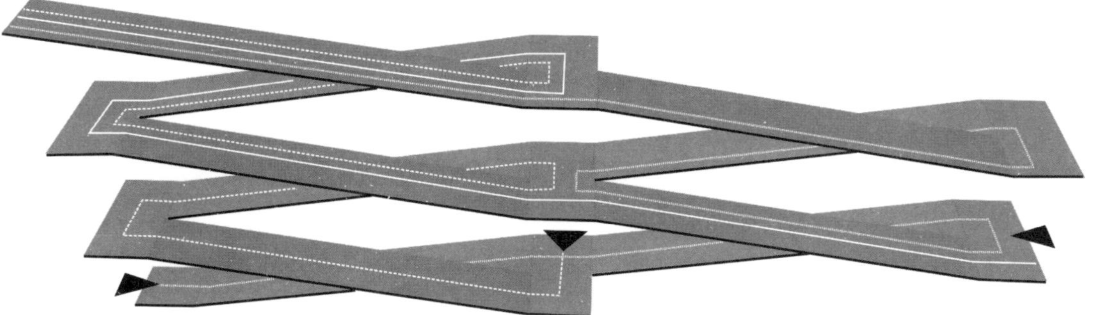

Drie ingangen en drie in elkaar geschakelde circuits
Three entrees and three connecting circuits

VMX Architects

Pallettunnel

een object gemaakt van sculpturale elementen die normaal worden gebruikt om goederen gemakkelijk te kunnen vervoeren: pallets. We hebben ze van doorschijnend plastic gemaakt om het object als geheel te kunnen verlichten en de aanwezigheid van de getoonde voorwerpen enigszins te versluieren. Het doel is de producten hiermee verleidelijker te maken. De pallets zijn aan alle zijden gekromd, zodat de bodem van het object iets verhoogd wordt en er een iets ander perspectief ontstaat. Eenmaal in de tunnel krijgt men een intiemere band met de producten.

Couveuse

vitrine voor accessoires. Gewoonlijk wordt dit soort voorwerpen achter glas getoond, zodat de bezoeker ze alleen met zijn ogen kan waarnemen. In deze couveuse is een bredere zintuiglijke ervaring mogelijk: je kunt de voorwerpen aanraken, voelen, vasthouden.

Omgekeerd kledingrek

het symbool voor het winkelconcept als geheel. Gewoonlijk tonen kledingrekken expliciet wat wordt aangeboden, rechtstreeks. De vorm van het omgekeerde kledingrek is afgeleid van de inhoud (kleren op hangers) en verwijst zo op een meer indirecte, maar hopelijk ook aantrekkelijker manier naar de essentie. Het roept een soort nieuwsgierigheid op, een verlangen naar de producten. De cocon vormt een herkenbaar ('telbaar') maar vreemd object in de ruimte. Het doel is een paradox op te heffen: veel producten uitstallen maar tegelijkertijd toch exclusief blijven.

Toonbank

lang om veel klanten te bedienen en wisselende producten of informatiemateriaal uit te stallen. Kleur: Mandarina Duck-geel.

Vacuümwand

gemakkelijk te verwisselen kledingdisplay. Het kledingstuk wordt vastgehouden tussen twee platen doorzichtig plastic en lijkt hierdoor in de lucht te hangen.

Gordijnkamer

drie ronde, getrapte uitstalplatforms voor tassen. Een gordijn gemaakt van tien kilometer dunne stalen kralenkettingen vormt een 'doordringbare wand' rond een 'kamer' die men op elk willekeurig punt kan betreden en verlaten. De elegante golvingen ontstaan door de asymmetrische plaatsing van displays, zodanig dat je ze gemakkelijk van alle kanten kunt bekijken.

Sokkel

kleine versie van de pallettunnel voor het uitstallen van tassen.

Fluo-kasten

schappen gemaakt van fluorescerende lichtarmaturen; de producten 'rusten' alleen op licht. Geen onderscheid tussen schap en armatuur.

Spiegeldozen

een vitrine voor accessoires.

Pennenwand

wand met aluminium pennen die naar binnen of naar buiten kunnen worden geduwd om producten (met name tassen) uit te stallen. Aan de etalagekant van de pennenwand is alleen de indruk zichtbaar; de producten worden indirect getoond: een driedimensionaal röntgenbeeld.

Tekst NL Architects

Pallet tunnel

is an object made out of sculptural elements that are normally used for transportation of goods in a compact way: pallets. We made them out of a translucent plastic in order to illuminate the object as a whole and let the items that are on display hint at their presence. The objective is to enhance a state of desire. The pallets wrap around creating a slightly higher floor in the object thus allowing a slightly different perspective through the shop. Once you're in the tunnel a more intimate relation with the products is established.

Incubator

the small items display. Normally these objects are behind glass and affection is only established visually. The incubator allows a more sensory experience; you can touch the items, hold them, feel them.

Inverse clothes rack

the symbol for the shop concept as a whole. Normally clothes racks expose their content explicitly, in the face. The shape of the inverse clothes rack is derived from its content (clothes on hangers) thus indicating in a more indirect but hopefully more attractive way what it is about. Evoking a kind of curiosity, a longing for the products. The cocoon creates an identifiable ('countable') but strange object in the room in order to resolve the paradox to be exclusive and to have many products on display at the same time.

Counter

long in order to serve many customers and to put variable products or information on display. Color: Mandarina Duck Yellow.

Vacuum wall

easy-to-change display for clothes. Two sheets of transparent plastic hold the fashion item; they seem to be suspended in the air.

Socle

mini version of pallet tunnel for display of bags.

Curtain room

three circular multi-platform displays for bags. Ten Kilometers of a small steel-beats-chain-curtain create a 'permeable wall', a 'room' that can be accessed or left at any point. The elegant curves appear as a result of the offset of the display dishes, such that you can freely browse around them.

Fluo-cupboards

shelves made out of fluorescent light fixtures; products 'supported' by light only. No distinction between shelf and fixture.

Mirror boxes

a version of small items display.

Pinwall

aluminum steel pipes that can be pushed in or out the surface such that products (mainly bags) can be displayed. On the shopwindow side of the pinwall the impression will be visible; the merchandize is shown in an indirect way: a 3D x-ray.

Text NL Architects

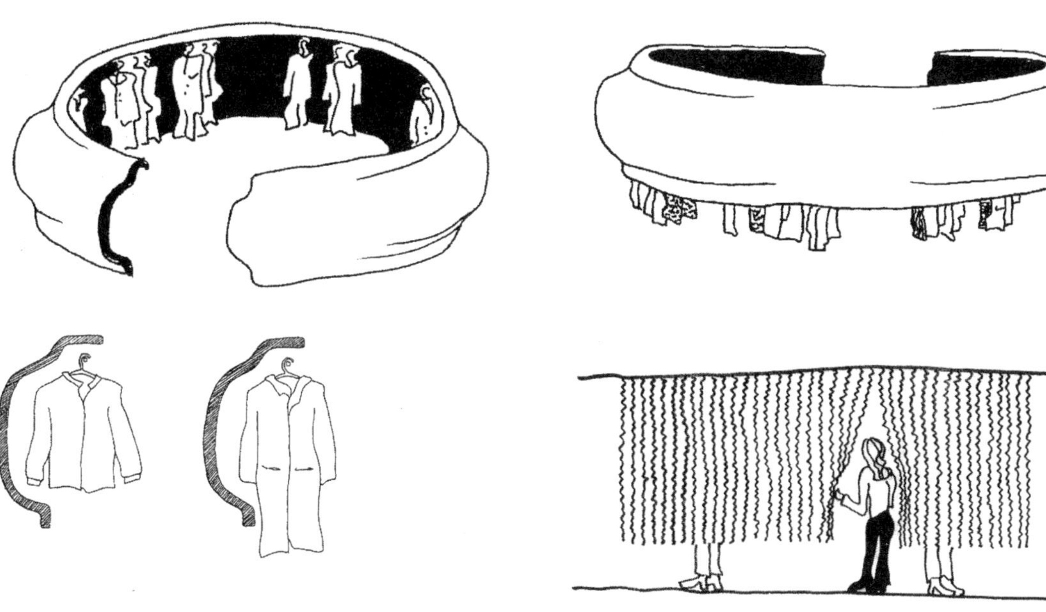

Realisatie

Facts

<u>VMX Architects</u> ontwierp voor het Amsterdamse stationsplein een tijdelijke fietsenstalling. Als een schip ligt dit 100 meter lange open bouwwerk aangemeerd voor het IBIS-hotel en getuigt met zijn sculpturale vorm en elegante uitvoering hoe efficiënte infrastructuur tot goed ontworpen architectuur kan leiden. Voor de aanleg van een nieuw ondergronds voetgangersknooppunt en een nieuw busstation diende het stationsplein vrijgemaakt te worden van de duizenden fietsen die er dagelijks worden gestald. Het transparante gebouw, dat ruimte biedt aan 2500 openbare fietsparkeerplaatsen, zorgde voor een uitweg uit deze tijdelijke situatie. De fietsenstalling werd bedacht als een omhooggevouwen fietspad en is opgebouwd uit een stelsel van 6 meter brede hellingbanen. Vanaf de begane grond kunnen de verdiepingen via drie ingangen en een reeks hellingbanen of luie trappen worden bereikt. De hellingbanen werden bedekt met een rode loper van asfalt, een knipoog naar de rode fietspaden her en der in Nederland. Omdat de architecten bij het ontwerp rekening moesten houden met de manoeuvreerruimte

voor de rondvaartboten, werd het gebouw ontwikkeld met een enorme overkraging. Het transparante gebouw geeft de indruk te zweven boven het Amsterdamse water.

In opdracht van Droog Design ontwikkelde <u>NL Architects</u> een winkel in Parijs voor het Italiaanse kleding- en tassenmerk Mandarina Duck. Bij het zoeken naar een alternatieve maar aantrekkelijke inrichting voor de winkel kwamen de architecten uit op het concept 'een winkel zonder architectuur'. Het interieur is kaal en sober maar krijgt volheid en betekenis door de grote objecten die erin werden geplaatst. De koopwaar staat opgesteld – of beter gezegd verborgen – in enkele opmerkelijke units. Er is de spiraalvormige trap die rondom zijn as kan draaien en telkens weer een andere blik biedt op de winkel, er is het *inverse clothes rack* – een metalen cirkelvormige kast waarin de kleding wordt opgehangen – en er is de *pinwall* – een wand met uitstekende pinnen die naar achter geduwd moeten worden om de tassen te plaatsen. Het ontwerp van NL Architects heeft ook tot

Realisation

<u>VMX Architects</u> designed a temporary bicycle facility for Amsterdam station square. Like a ship, this 100 metre long open structure lies moored in front of the IBIS hotel and its sculptural form and elegant implementation testify to how efficient infrastructure can lead to well-designed architecture. The station square needed to be cleared of the thousands of bicycles that are stalled there daily for the construction of a new pedestrian underpass and a new bus station. The transparent building, with public storage space for 2,500 bicycles, provided a solution for this temporary situation. The bicycle facility was conceived as an upwardly-folded cycle path and is composed of a system of 6 metre-wide ramps. The floors are accessed from the ground floor via three entrances and a series of ramps or gently-sloping staircases. The ramps are covered with a red strip of asphalt, reminiscent of the red bicycle tracks all over the Netherlands. Because the architects had to take into account the manoeuvring space needed for the water buses the building was developed with an enormous overhang. The transparent

building appears to be suspended above the Amsterdam water.

Commissioned by Droog Design, <u>NL Architects</u> designed a store in Paris for the Italian clothing and bag brand Mandarina Duck. When searching for an alternative but attractive layout for the store the architects finally arrived at the concept of a 'a store without architecture'. The interior is bare and sober but gains fullness and significance through the large objects placed within it. The merchandise is displayed – or rather hidden – in a number of striking units. There is a spiral-shaped staircase that can revolve around its axis and this repeatedly affords a different glimpse of the store. Then there is the inverse clothes rack – a metal circular rack in which the clothing is hung up – and then there is the pinwall – a wall with protruding pins that have to be pushed back to hold the bags. The design by NL Architects has also led to a number of playful discoveries. A wall with colourful carrier straps gives new meaning to this everyday object: the carrier straps clamp the bags to the wall, the

een aantal speelse vondsten geleid. Een muur met kleurige snelbinders geeft een nieuwe betekenis aan dit alledaags voorwerp: de snelbinders klemmen tassen tegen de muur, de muur wordt een installatie. In deze winkel gaat het in de eerste plaats om beleven en regisseren, nieuwsgierigheid opwekken, alledaagse dingen op een verrassende manier presenteren en identiteit verruimtelijken.

In opdracht van stichting De Verbeelding bouwde René van Zuuk een kunstpaviljoen in Zeewolde.
Het paviljoen vormt het sluitstuk van een 7 km lange kunstroute en is voorzien van 250 m^2 ruimte voor exposities, een kleine bibliotheek en een kantoor. Gebouwd uit eenvoudige houten spanten in een driescharnierspantconstructie, refereert het paviljoen aan de typologie van de traditionele polderschuur. Van Zuuk liet echter de spanten roteren rond hun funderingspunt, wat resulteerde in een expressieve dakvorm bestaande uit drie getordeerde daken. Hoewel alle spanten identiek zijn, verkreeg Van Zuuk hierdoor een zeer dynamische sculpturale vorm. De kopse gevels van het paviljoen werden geheel in glas uitgewerkt. Aan de ene zijde van het paviljoen creëerde Van Zuuk een zeer uitnodigende entree, aan de andere zijde zorgt het glas voor een mooi uitzicht op het omgevend landschap. De sensibele relatie tussen paviljoen en omgeving komt bovendien zeer goed tot uiting door Van Zuuks keuze voor de plaatsing van het gebouw. Deze bevindt zich op een speciaal voor het paviljoen aangelegde landtong, waar het een dialoog aangaat met de sculpturen rondom.

MVRDV ontwierp 119 huur- en koopwoningen voor de woonwijk Hageneiland, een onderdeel van Vinex-locatie buitenplaats Ypenburg.
Op Hageneiland staat de gemeenschappelijke ruimte centraal. Geen individueel wonen aan de rand van het eiland, maar gezamenlijk wonen tussen hagen van groen. Vertrekkend vanuit het idee dat goede collectieve ruimte een tegengewicht moet vormen tegen de groeiende individualisering van het wonen, opteerde MVRDV resoluut voor een autovrije wijk; de straten van betonklinkers werden

Realisatie

wall becomes an installation. This store is all about experience and direction, arousing curiosity, presenting commonplace objects in a surprising way and broadening identity.

Commissioned by stichting De Verbeelding, René van Zuuk built an art pavilion in Zeewolde.
The pavilion forms the final piece in a 7 km long art route and has 250 m^2 of space for exhibitions, a small library and an office. Built with simple wooden trusses in a three-hinged construction, the pavilion refers to the typology of the traditional polder barn. Van Zuuk, however, allows the trusses to rotate around their foundation point, and this has resulted in an expressive roof form comprised of three twisted roofs. Although all the trusses are identical, in this way Van Zuuk gains a highly dynamic sculptural form. The end walls of the pavilion are made entirely of glass. On one side of the pavilion Van Zuuk has created an extremely inviting entrance, on the other side the glass provides a splendid view of the surrounding landscape. Moreover, the sensitive relationship between pavilion and surroundings, is expressed extremely well in Van Zuuk's choice for the positioning of the building. This is on a point of land, created specially for the pavilion, where its enters into a dialogue with the surrounding sculptures.

MVRDV designed 119 social and owner-occupied housing units for the Hagen Island residential district, part of the Ypenburg Vinex location.
Communal space is the first priority on Hagen Island. No individual homes on the edge of the island, but collective housing in between hedging and greenery. Emanating from the idea that good collective space should counterbalance the growing individualisation of the living environment, MVRDV resolutely opted for a car-free area; the streets with their concrete clinkers were replaced by gravel and woodchip paths. The garden is enjoyed by the entire family. With a wink at the prototype of the Dutch house, all the Hagen Island housing groups have a pitched roof. Although all the ground floors are identical, this area looks very

vervangen door paden van grind en houtsplinters. Van de tuin wordt genoten door het hele gezin. Met een knipoog naar het prototype van het Nederlandse woonhuis werden voor Hageneiland alle woninggroepen voorzien van een puntdak. Alhoewel de plattegronden van de woningen identiek zijn, doet deze wijk heel verfrissend en gevarieerd aan. De woonblokken verspringen ten opzichte van elkaar, waardoor verschillende open ruimtes ontstaan; bovendien kozen de architecten voor een zeer specifieke gevelbekleding. Elk blok kreeg een andere huid, variërend van rode dakpannen over hout en aluminiumplaten tot een polyurethaan coating in groen of blauw.

Het onderzoek van <u>Rien Korteknie en Mechthild Stuhlmacher</u> naar de mogelijkheden van kleinschalige interventies in het bestaande weefsel, kreeg zijn bekroning in 2001 met de bouw van de eerste parasite LP2.
Het onderzoeks- en uitvoeringsproject van de Parasite Foundation (Prototypes for Advanced Ready-made Amphibious Small-scale Individual Temporary Ecological), die Korteknie en Stuhlmacher twee jaar geleden oprichtten, verkent de mogelijkheden van tijdelijke, verplaatsbare, lichte, kleine bouwwerken die parasiteren op bestaande en op die manier kunnen bijdragen aan duurzame stadsontwikkeling. In het kader van Rotterdam 2001 en als onderdeel van de manifestatie '6,5 miljoen woningen', bracht de tentoonstelling *The City of Small Things* een dertigtal ontwerpers samen met een prototype voor een parasite. Als baken voor de tentoonstelling werd één parasite op ware grootte gerealiseerd op het dak van de tentoonstellingslocatie. Half hangend, half staande op de liftkoker van het pakhuis Las Palmas schittert deze prefab minimumwoning door haar sculpturale vorm en gifgroene kleur. LP2 is opgetrokken uit geprefabriceerde wanden van kruislings verlijmde vurenhouten panelen en is demonteerbaar in zijn samenstellende onderdelen, zodat het van het ene gebouw naar het andere verplaatst kan worden. Het is nu wachten op een volgende bestemming.

Tekst Véronique Patteeuw

Realisation

refreshing and varied. The housing blocks are staggered and this creates various open spaces. Moreover, the architects opted for a highly-specific wall cladding. Each block has been given a different skin, varying from red roof tiles over timber and aluminium plates to a polyurethane coating in green or blue.

The research by <u>Rien Korteknie and Mechthild Stuhlmacher</u> into the possibilities for small-scale interventions within the existing fabric reached a pinnacle in 2001 with the building of the first parasite LP2.
The research and implementation project of the Parasite Foundation (Prototypes for Advanced Ready-made Amphibious Small-scale Individual Temporary Ecological) that Korteknie and Stuhlmacher set up two years ago, explores the possibilities of temporary, relocatable, light, small structures that can flourish on existing ones and can contribute in this way to sustainable urban planning. Within the framework of Rotterdam 2001, and as part of the public event '6.5 million housing units', *The City of Small Things* exhibition brought together some thirty designers with a prototype for a parasite. The realisation of one large, life-size parasite on the roof of the exhibition venue served as a beacon for the exhibition. Half hanging, half standing on the lift duct of the Las Palmas warehouse, this prefab minimalist house is conspicuous by its sculptural form and fluorescent green colour. LP2 is constructed of prefabricated walls of pinewood sheets glued crossways and the assembled components can be dismantled so that it can be moved from one building to another. It is now awaits a following destination.

Text Véronique Patteeuw

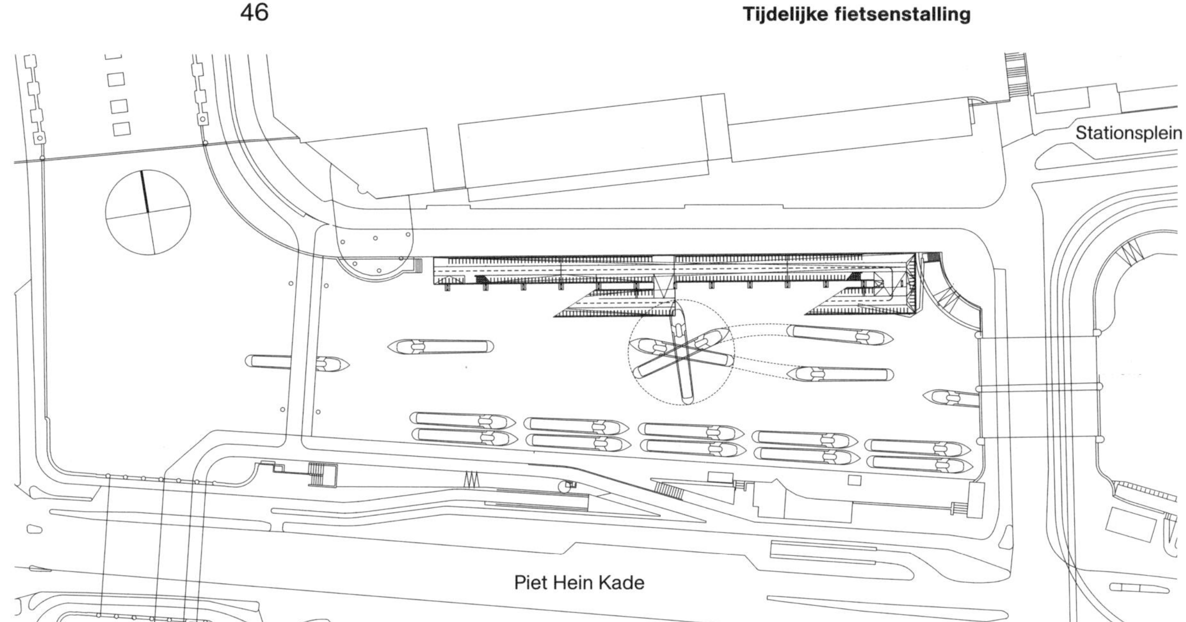

Eerste verdieping
First floor

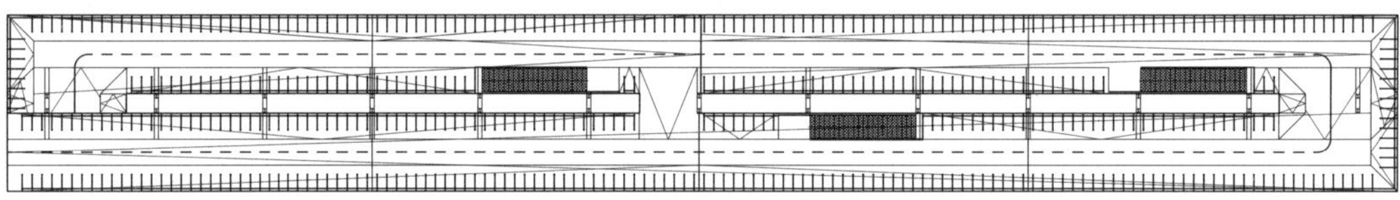

Begane grond
Ground floor

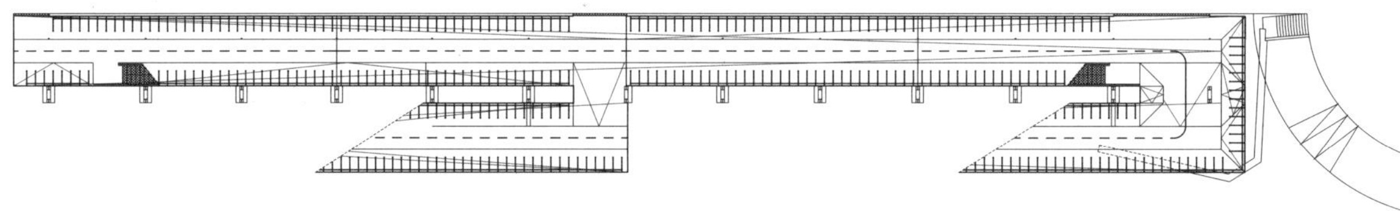

Doorsnede
Section

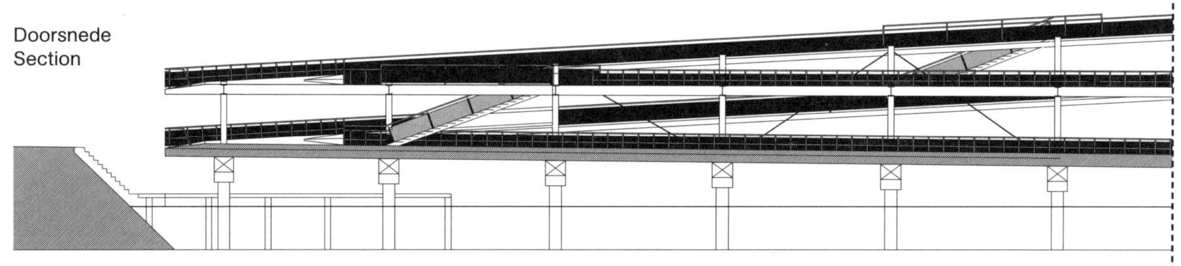

VMX Architects

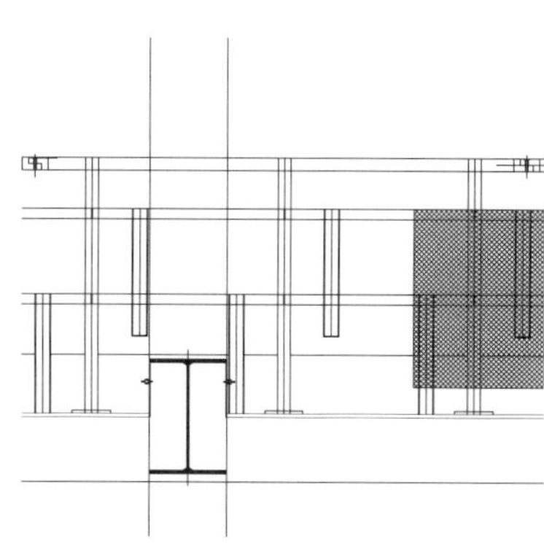

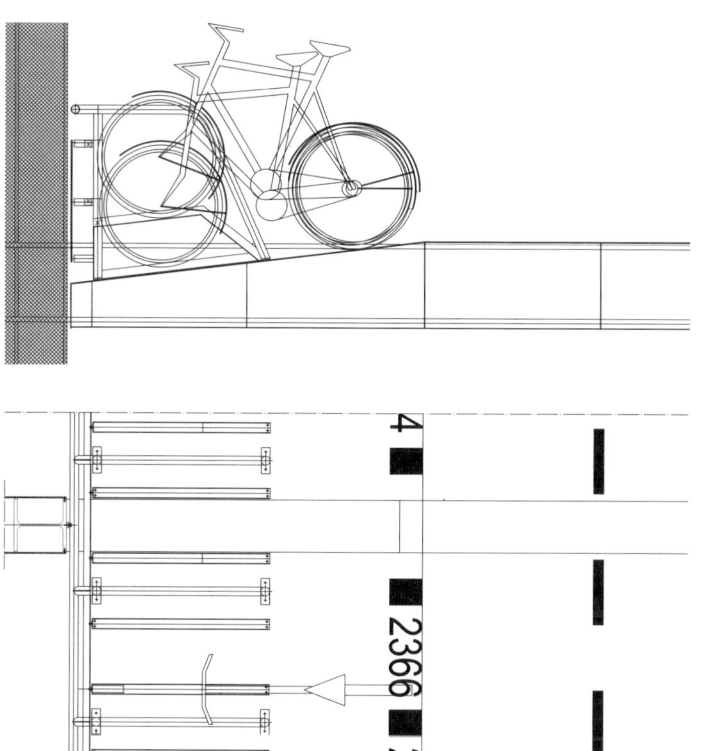

Fietsenrek
Bicycle rack

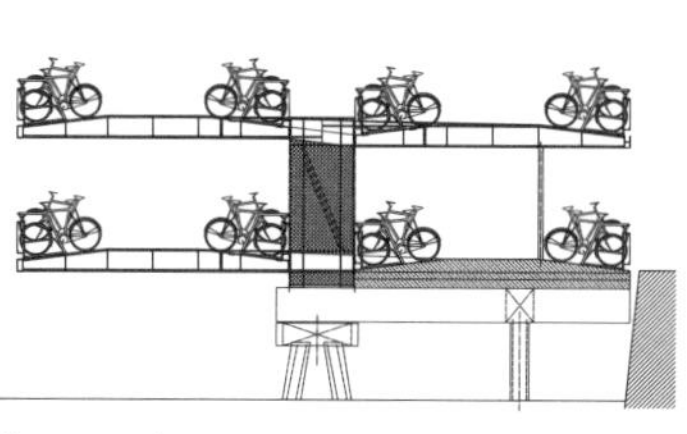

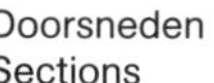

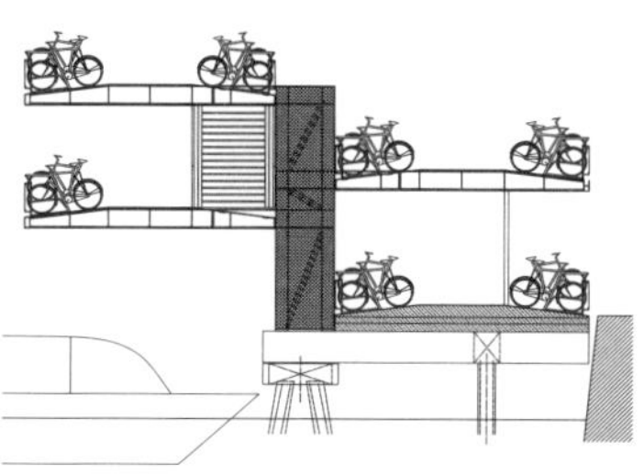

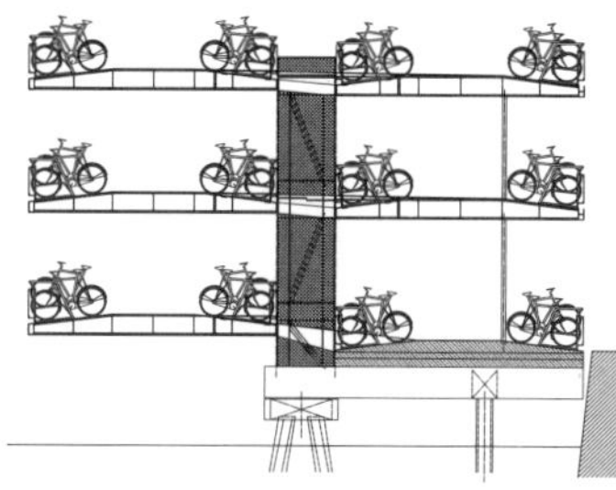

Doorsneden
Sections

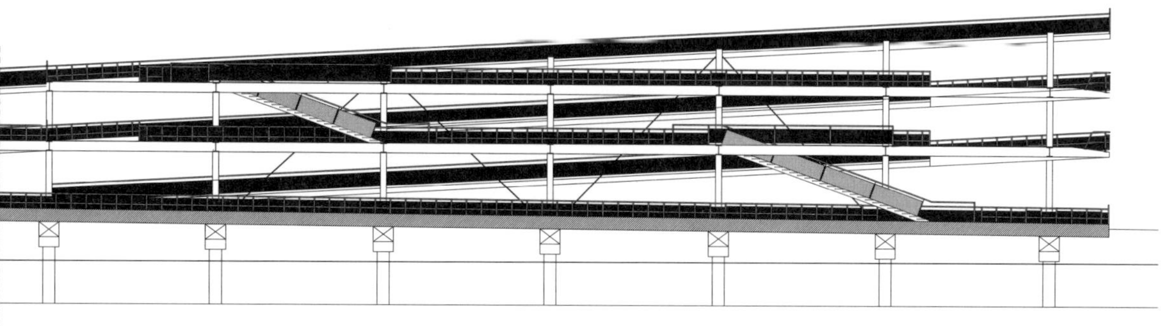

VMX Architects

1 Draaitrap, geschilderd staal
2 Pennenwand, aluminium, id-polyethyleen
3 Pallettunnel, lexaan Exell, MDF
4 Couveuse, glas, MDF, staal
5 Rubberwand, rhodorsil Melange-Maitre MF 345U
6 Omgekeerd kledingrek, roestvrij staal
7 Toonbank, MDF, glas
8 Paskamers, spiegel
9 Vacuümwand, uv-werend pvc-folie, staal
10 Epoxy-kast, gegoten epoxy
11 Gestapelde ronde tafels, staal
12 Gordijnkamer, vernikkeld koper
13 Sokkel, lexaan exell, glas
14 Fluo-kasten, metalmek armaturen in stalen frame
15 Spiegeldozen, glas, MDF, staal
16 Grasland, fiberglas

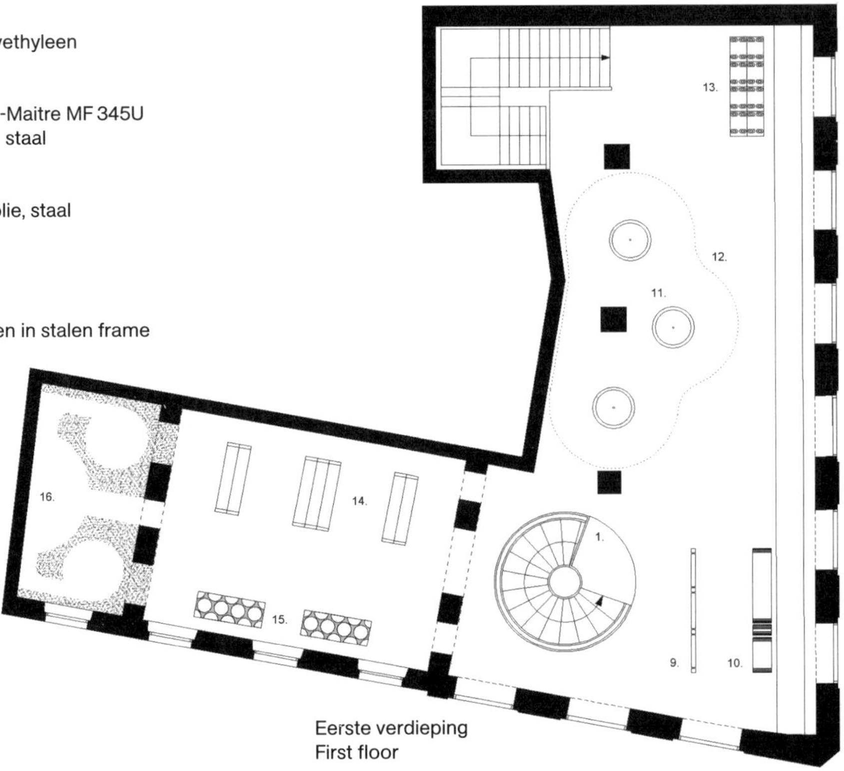

Eerste verdieping
First floor

1 Revolving stair, steel painted
2 Pinwall, aluminium, id-polyethyleen
3 Pallet tunnel, lexaan Exell, MDF
4 Incubator, glass, MDF, steel
5 Rubber wall, rhodorsil Melange-Maitre MF 345U
6 Inverse clothrack, stainless steel
7 Counter, MDF, glass
8 Fitting rooms, mirror
9 Vacuum wall, UV stable PVC foil, steel
10 Epoxy-cupboard, poured epoxy
11 Stacked round tables, steel
12 Curtain room, nickel plated copper
13 Socle, lexaan exell, glass
14 Fluo-cupboards, metalmek armatures in steel frame
15 Mirrorboxes, glass, MDF, steel
16 Grassland, glass-fiber

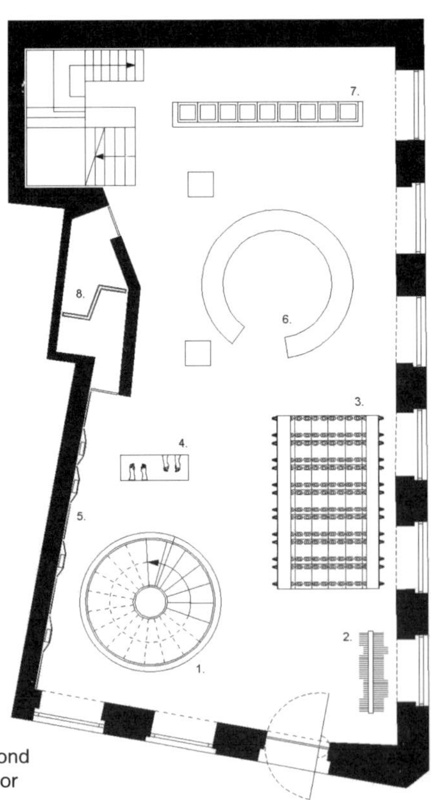

Begane grond
Ground floor

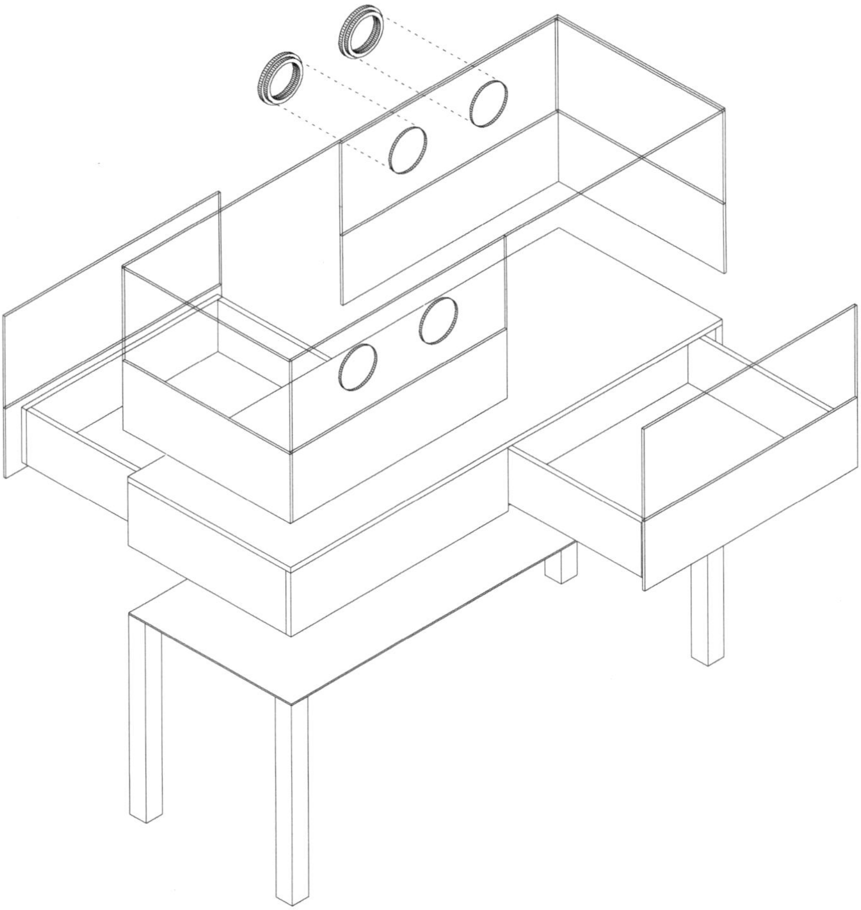

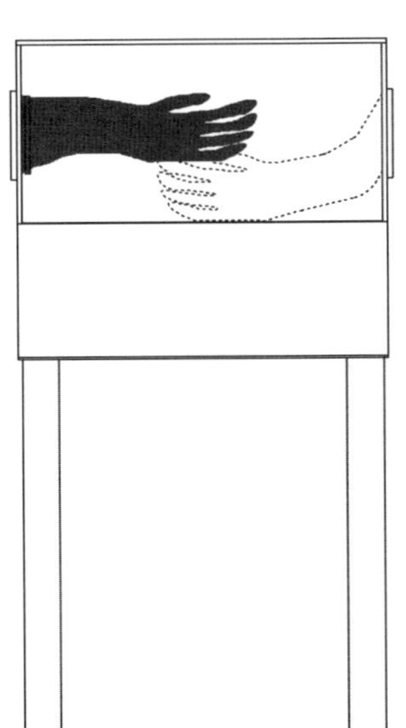

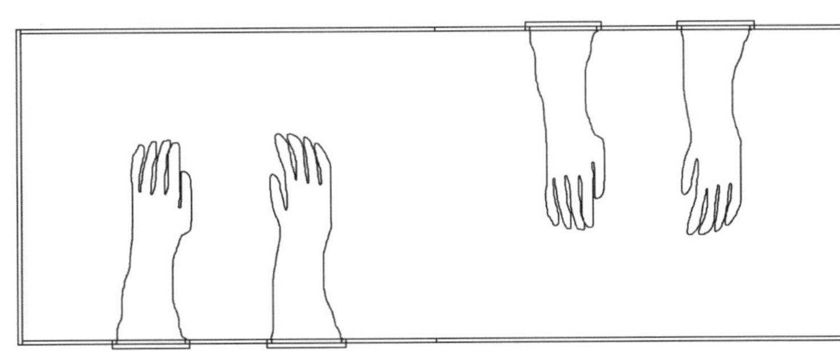

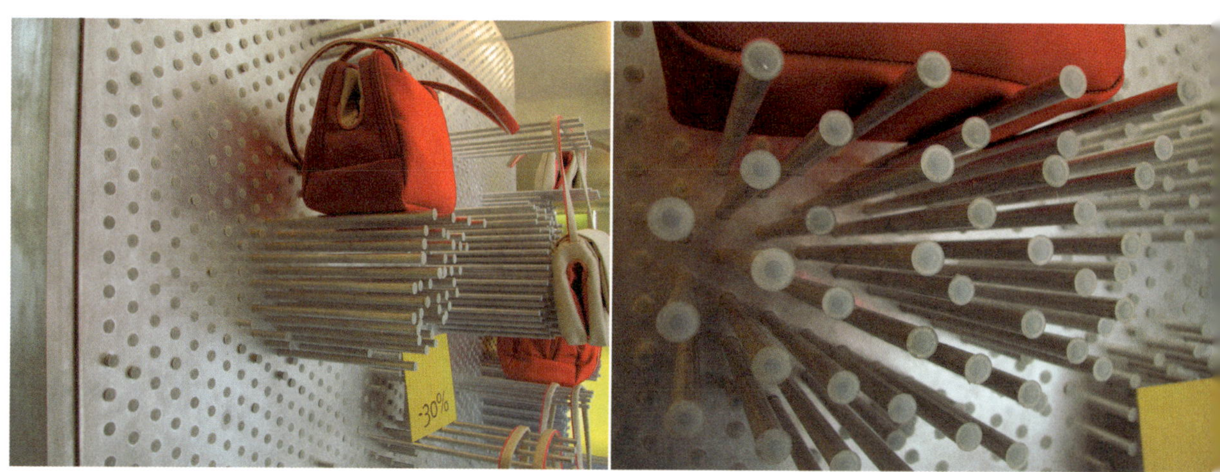

NL Architects

René van Zuuk Architects

Art Pavilion 'De Verbeelding'

René van Zuuk Architects

René van Zuuk Architekten

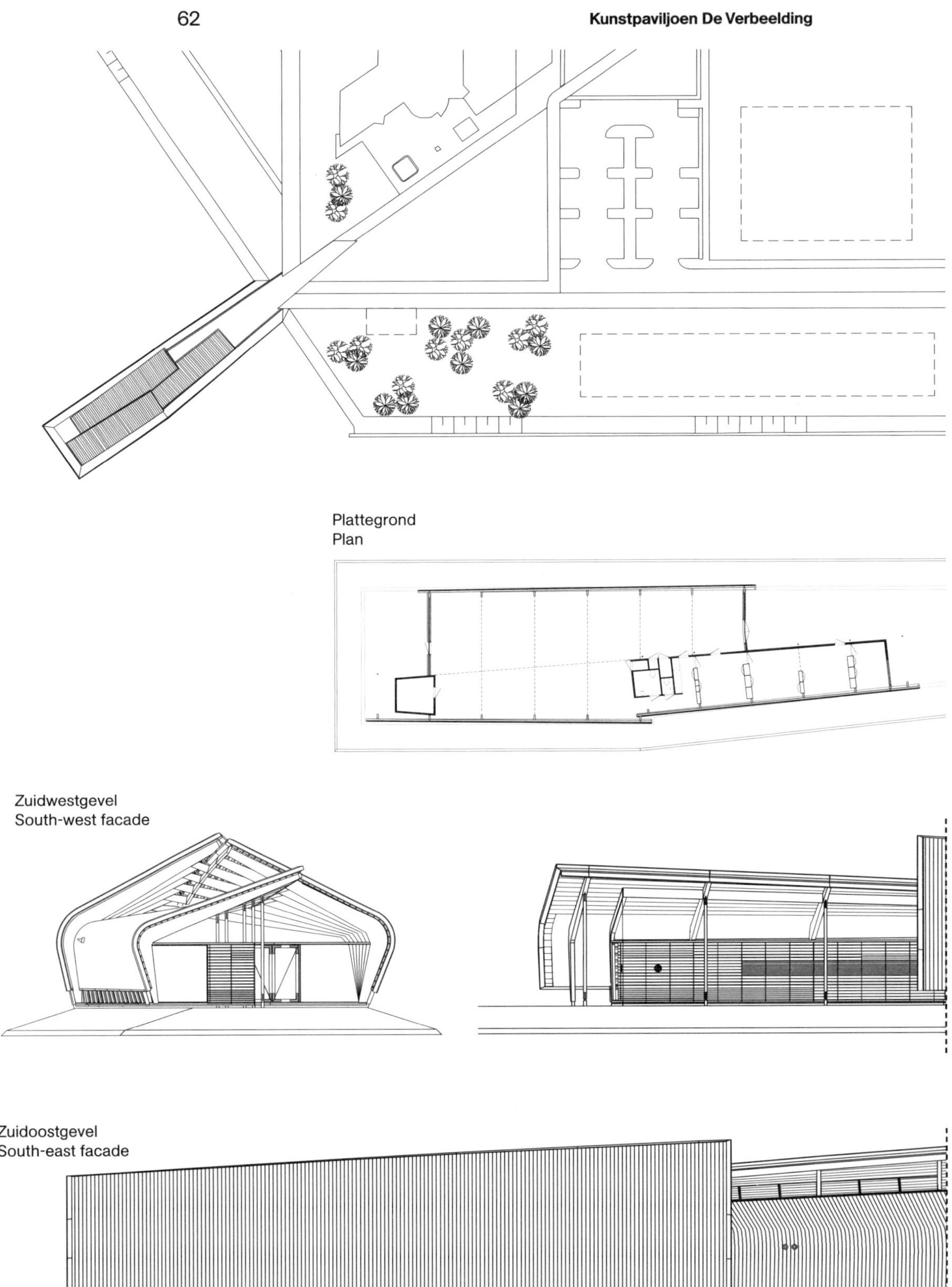

René van Zuuk Architekten

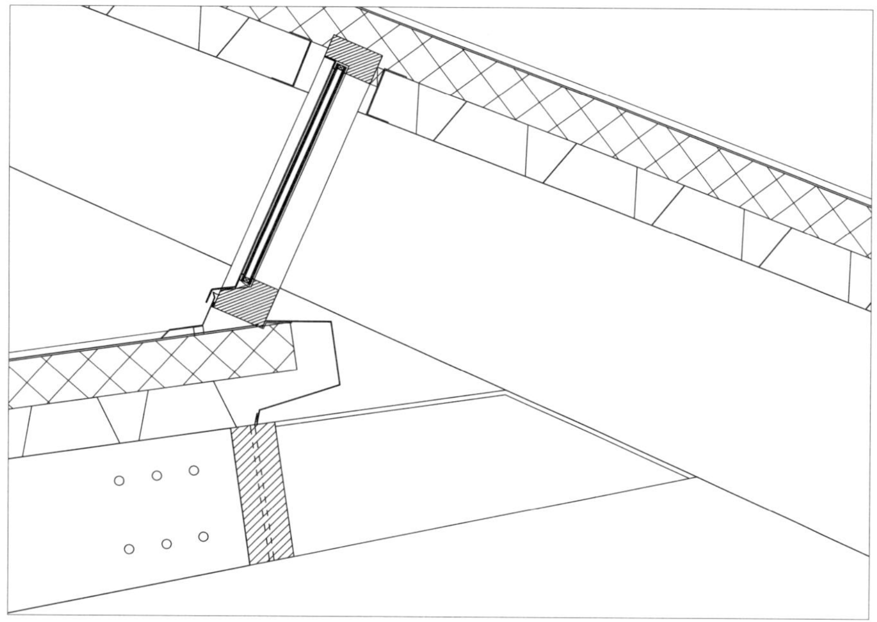

Detaillering nokdetail
Detail ridge-detail

Noordwestgevel
North-west facade

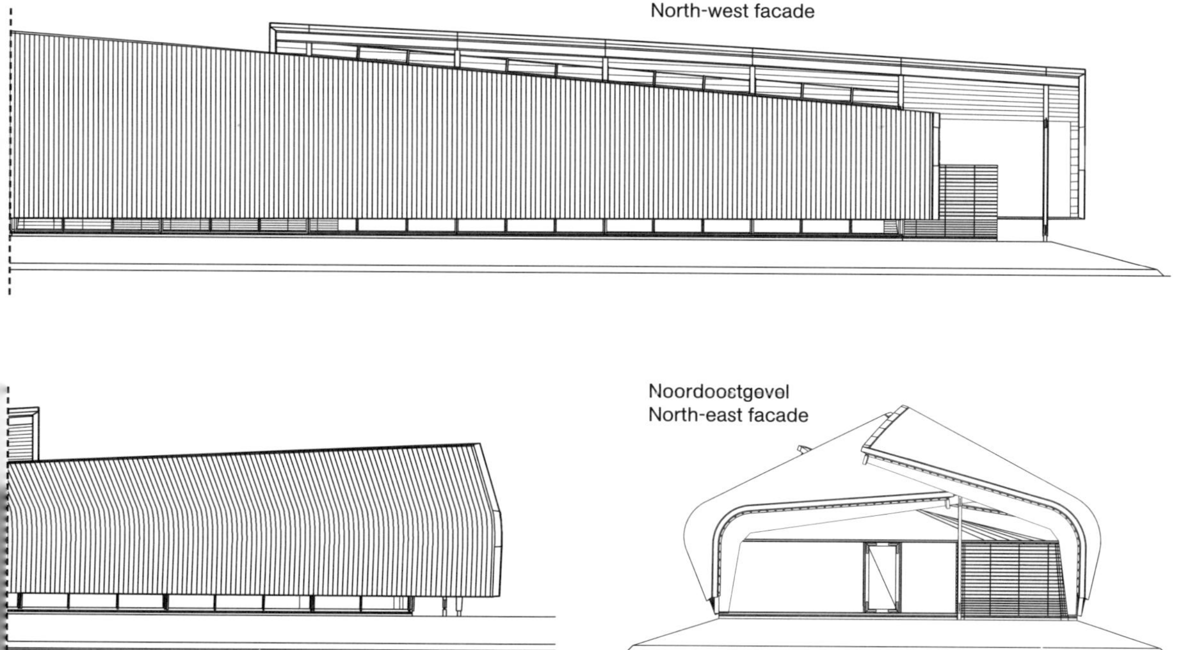

Noordoostgevel
North-east facade

René van Zuuk Architects

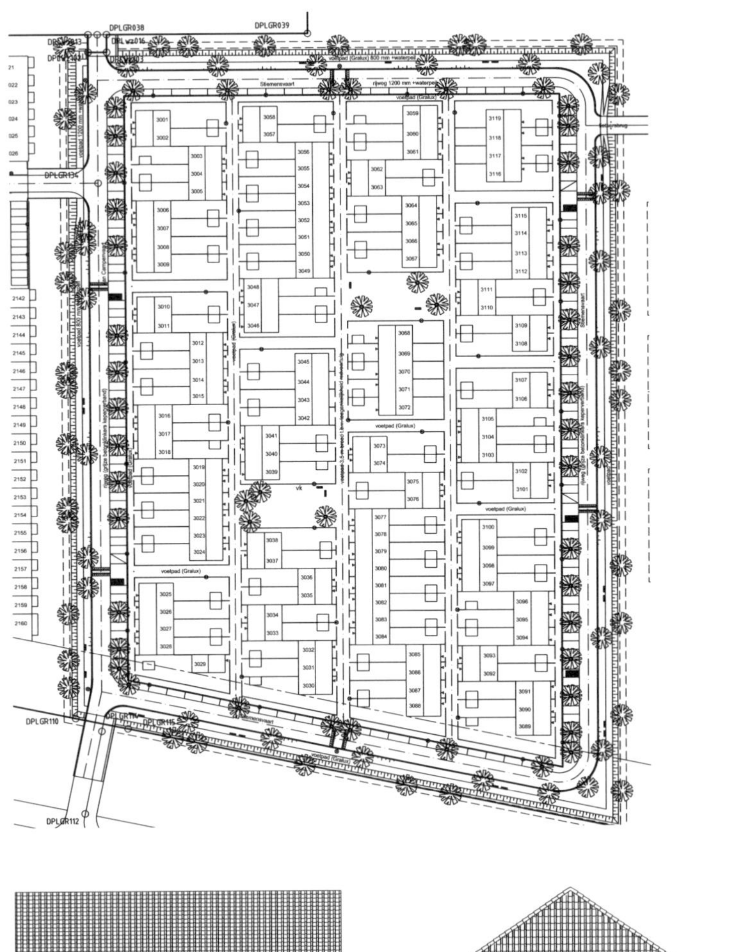

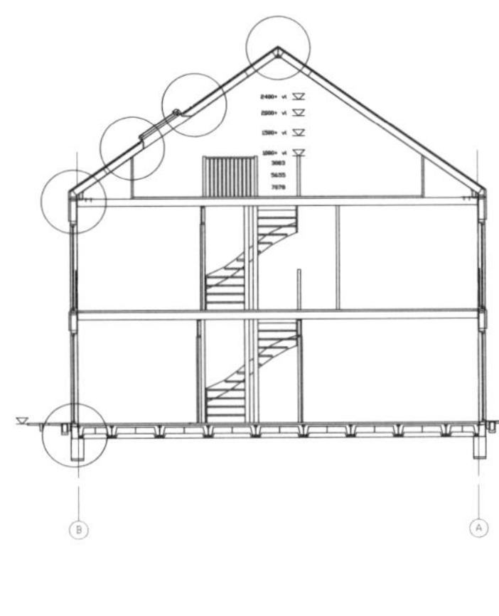

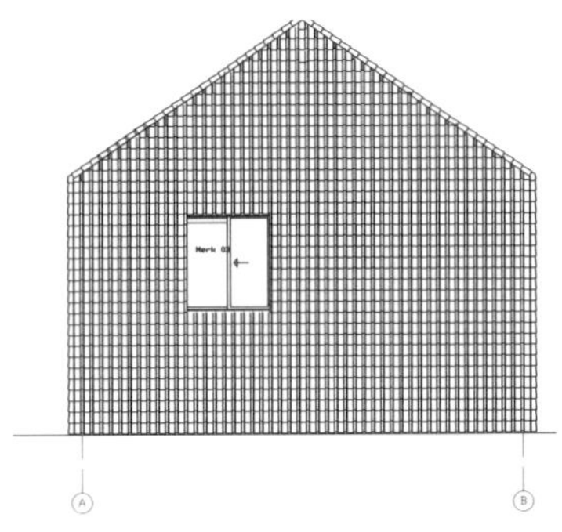

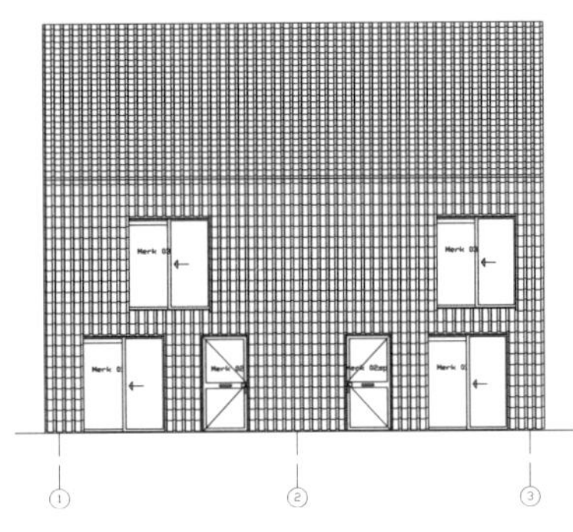

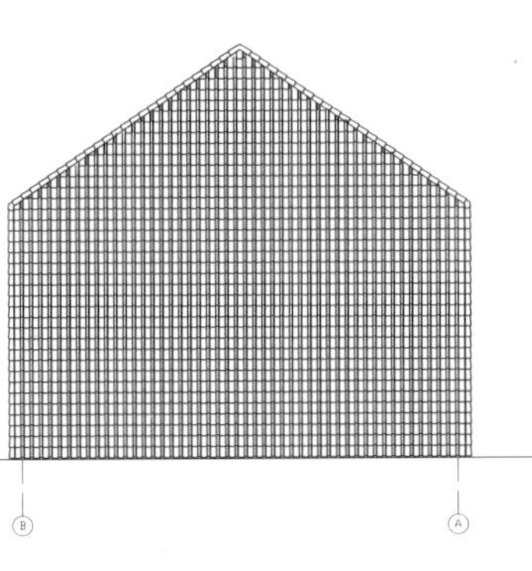

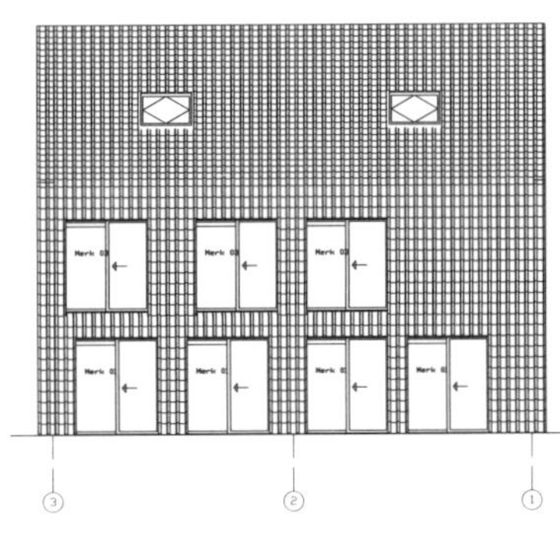

Begane grond
Ground floor

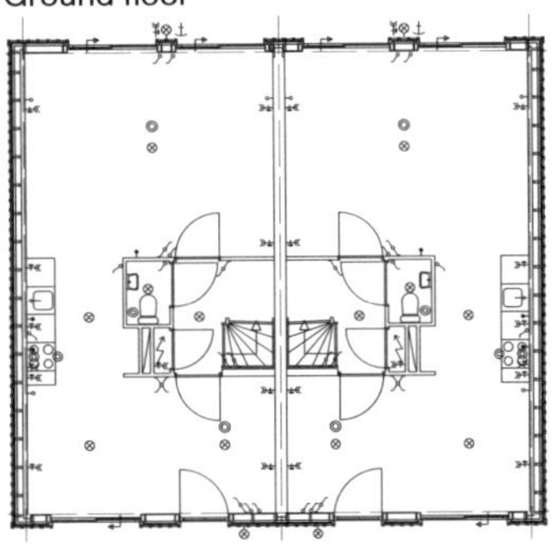

Eerste verdieping
First floor

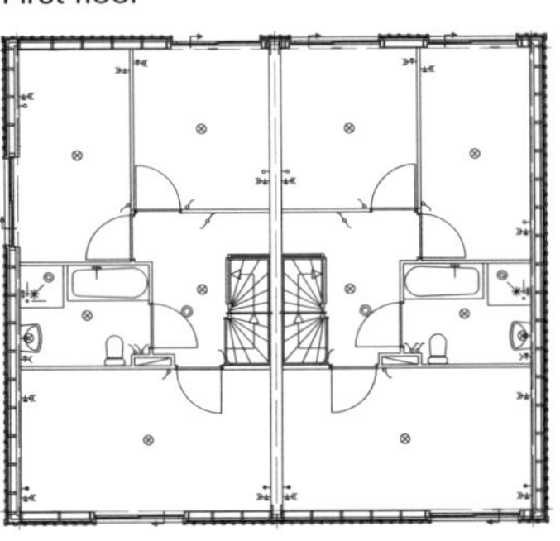

Tweede verdieping
Second floor

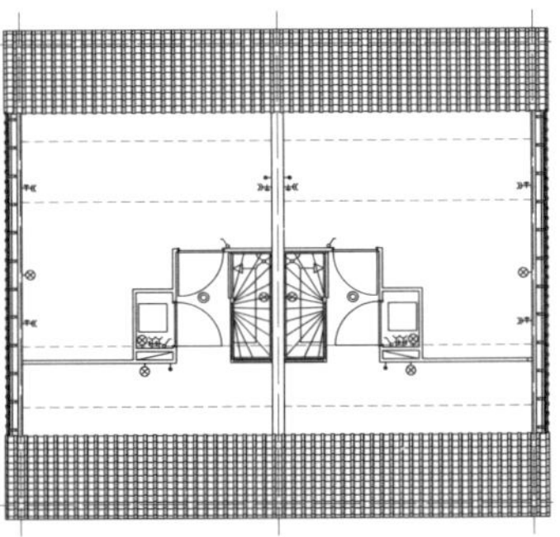

MVRDV

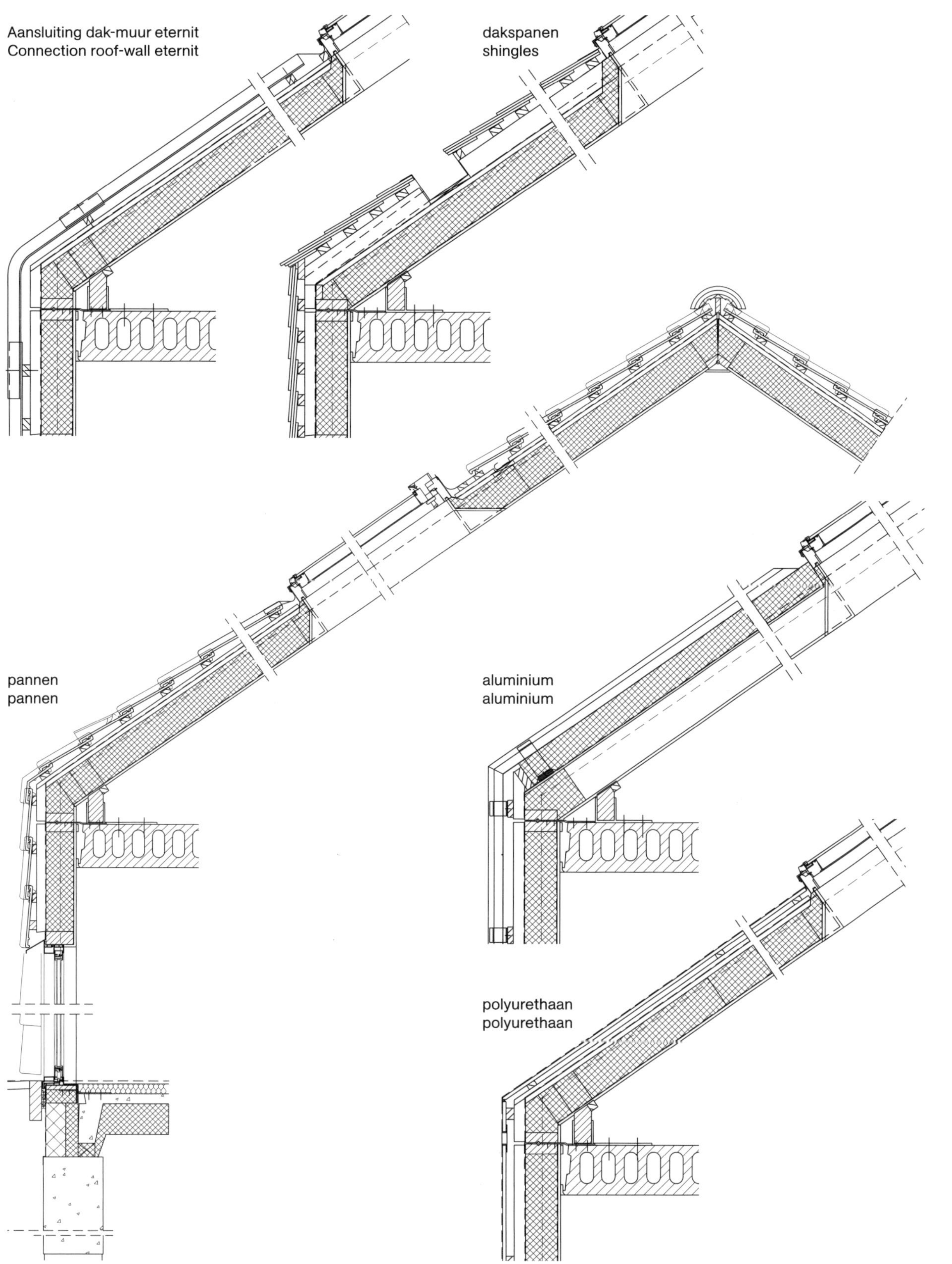
Aansluiting dak-muur eternit
Connection roof-wall eternit
dakspanen
shingles
pannen
pannen
aluminium
aluminium
polyurethaan
polyurethaan

MVRDV

MVRDV

MVRDV

Korteknie Stuhlmacher Architecten

Korteknie Stuhlmacher Architects

Dakvlak
Roof plane

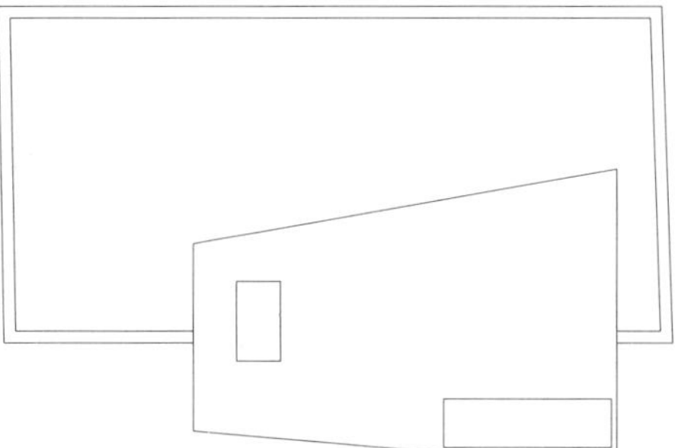

Verdieping 1
Floor 1

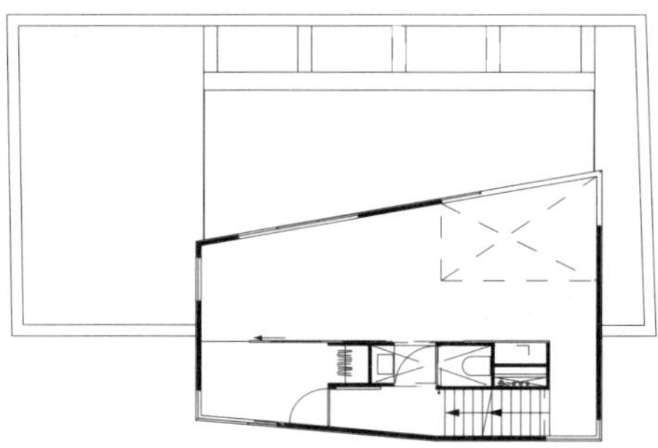

Verdieping 0, niveau dak liftschacht, dakterras, daktuin
Floor 0, level roof elevator tower, roofterrace, roofgarden

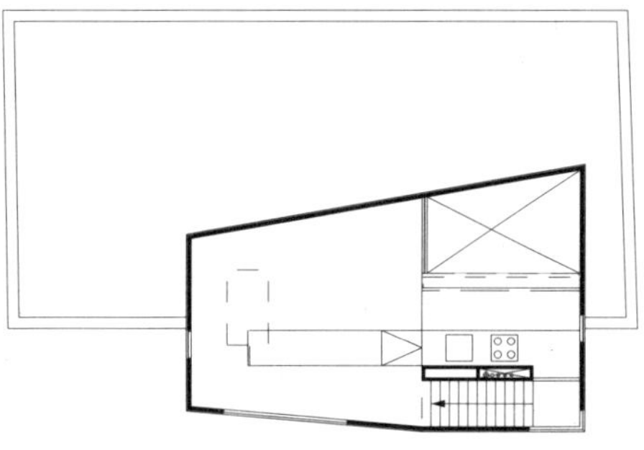

Staalconstructie, staalbalken opgelegd op
opstaande randen liftschacht
Steelconstruction, frame in steel on existing
edges of elevator tower

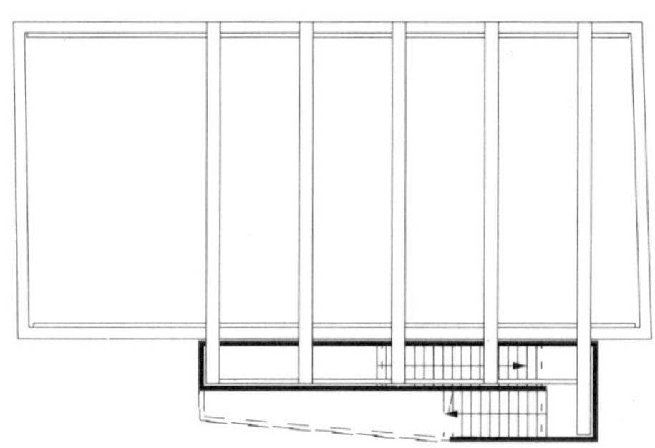

Verdieping -1, trappenhuis Parasite
Floor -1, staircase Parasite

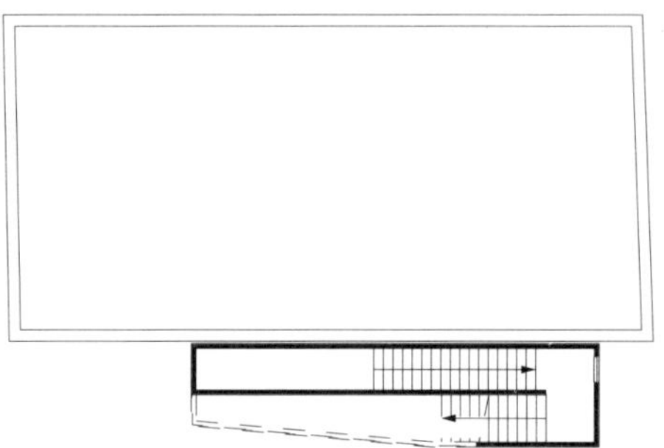

Niveau dak Las Palmas, trappenhuis, entree Parasite
Level roof Las Palmas, staircase, entrance Parasite

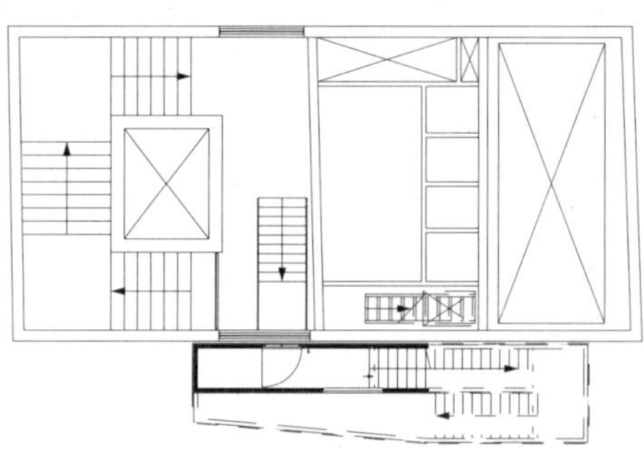

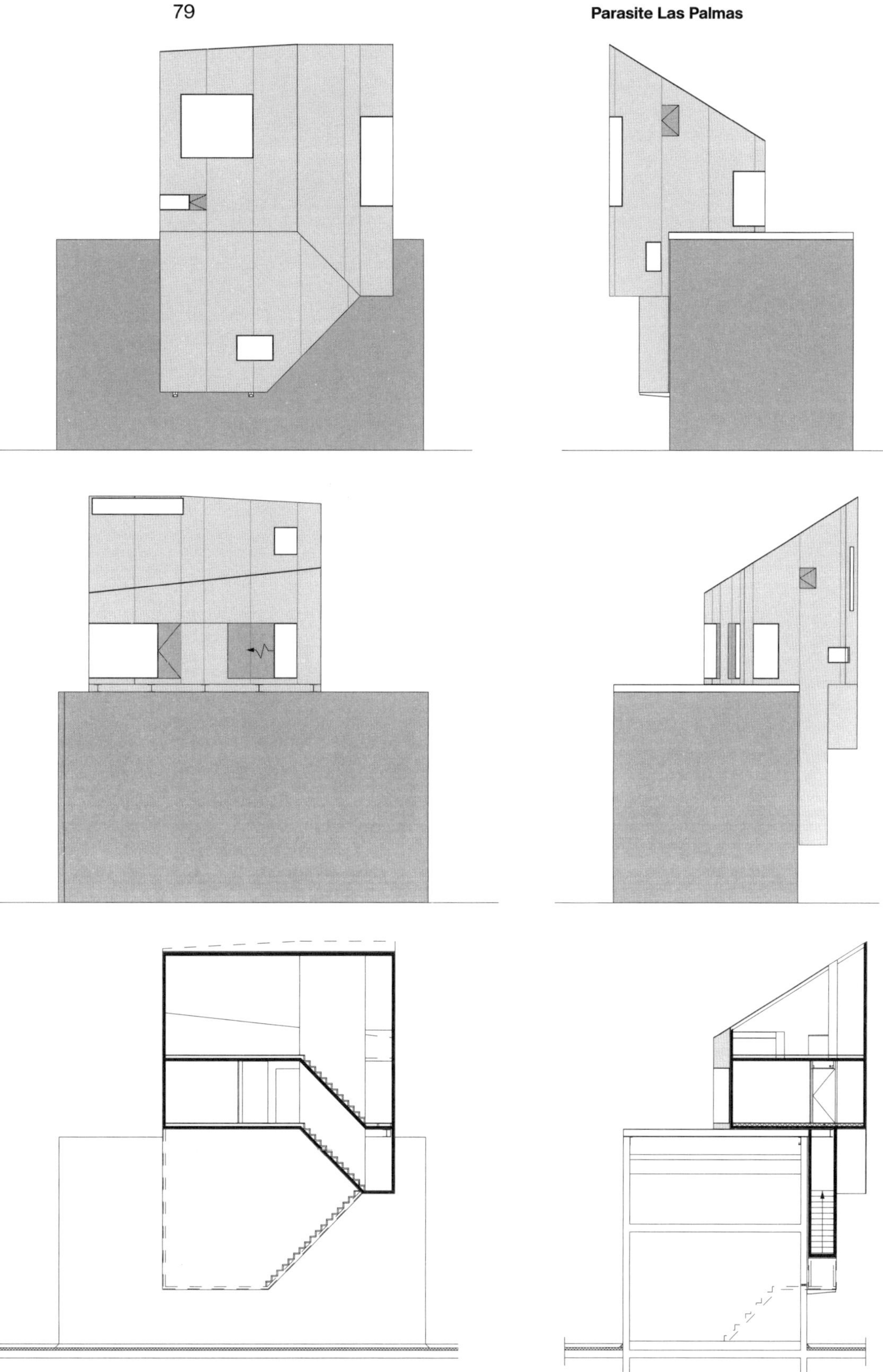

Korteknie Stuhlmacher Architects

Use by

Analyse

Kunstpaviljoen De Verbeelding
René van Zuuk

René van Zuuk gaat in zijn ontwerpen uit van standaardsystemen en -structuren. Vervolgens kijkt hij tot hoever hij ze kan manipuleren zodat er iets nieuws ontstaat dat ook nog bouwbaar en betaalbaar is. In Zeewolde is met relatief simpele aanpassingen uit de standaardelementen voor een polderschuur een kunstpaviljoen gebouwd. Hij bracht daartoe twee van die elementen, de drie-scharnierspant en de aluminium dakplaten tot een samenspel, ja zelfs tot een dansje. Door de opeenvolgende spanten om de voetpunten te draaien zodat ze steeds verder achteroverhellen, worden ze gedwongen hun onderlinge steun steeds iets verder van elkaars top te zoeken. Dit dwingt de geprofileerde dakplaten weer tot een flinke torsie. In de polderschuur zit alles goed op zijn plaats en komen de spanten in de top bij elkaar. Hier lijkt het of alles verknipt is. Dit levert een spel op van dakvlakken dat dynamiek en expressie geeft aan het geheel. In zekere zin is er sprake van een herinterpretatie van het oude modernistische adagium van 'spanningen in rust'. In de geest van de beschouwer komt een pendel op gang tussen twee attractors: die van de oude orde van de polderschuur waarin alles goed op zijn plaats zit, en een toestand van chaos waarin het geheel uiteenvalt in scherven, die niet meer gelijmd kunnen worden.

De associatie met een spel of een ballet van vlakken dringt zich nog sterker op bij een rondgang door de polder. Vergroeid met zijn talud en omringd door water toont het gebouw zich in steeds wisselende beelden, zelfs vanuit het bos, omdat de waterlopen voor permanente zichtlijnen zorgen. Van opzij is het langgerekt en slank en glinstert de huid in het zonlicht. In de lengterichting zijn pas goed de welvingen in de flank te zien en de wijze waarop het dak deze beweging volgt. Ook gunnen de losgeknipte daken wisselende inkijkjes in het interieur. Het gebouw rekt en strekt zich in de vrije ruimte, maar dat wil niet zeggen dat het zich niets van zijn omgeving aantrekt. Van Zuuk wilde niet dat zijn gebouw Richard Serra's nabijgelegen kunstwerk, *Sea Level* – een lange betonnen plaat die in een groene dijk zit geschoven – tot

Art Pavilion 'De Verbeelding'
René van Zuuk

René van Zuuk's designs are based on standard systems and structures. He then explores to what extent he can manipulate these to create something new, something that is also buildable and affordable. In Zeewolde an art pavilion has been constructed with relatively simple modifications to the standard elements for a polder barn. He achieved this by bringing two of these elements, the three-hinged frame and the profiled aluminium roof sheets, into combined play, yes even a dance. By turning the successive trusses around the base points so that they increasingly tilt backwards, they are forced to search for their combined support increasingly a little further from each other's top. This again forces the profiled roof sheets into a considerable torsion. In the polder barn everything is firmly in place and the trusses meet at the top. It looks as if everything has been divided up here. This creates a play on the roof planes that lends dynamism and expression to the whole. There is, to a certain extent, a re-interpretation of the old modernistic adage of 'tension and calm'. In the mind of the spectator a pendulum comes into motion between two attractors: that of the order of the polder barn in which everything is in its place, and a state of chaos in which the whole falls into pieces, and can no longer be glued together.

The association with a game or a ballet of planes forces itself more strongly to the fore when moving around the polder. Fused with its slope and surrounded by water the building reveals itself in constantly shifting images, even from the overgrown area because the watercourses create permanent sightlines. From the side it is elongated and slender and the skin glistens in the sunlight. Only in the longitudinal direction can the curves be seen properly in the flank, and the way in which the roof follows this movement. The cut-away roofs create alternating views of the interior. The building stretches and extends in the free space, although that does not mean that it does not take its surroundings seriously. Van Zuuk did not want his building to degrade Richard Serra's nearby artwork, *Sea Level* – a long concrete plate slid

achtergrond zou degraderen. Vandaar zijn keuze voor een rustige, lange vorm, waarvan de expressie wordt getemperd door een niet al te opvallende kleur. Van Zuuk noemt zich uitdrukkelijk een contextueel ontwerper. Zijn gebouwen zijn expressief maar niet autonoom. 'Een gebouw is het mooist als het past in zijn omgeving.' Het feit dat hij het paviljoen beslist op een talud in het water wilde hebben en niet aan de rand van de plas zoals de opdrachtgever oorspronkelijk wilde, is daarmee niet in tegenspraak. Door het gebouw vrij te maken, kon het zich pas optimaal met zijn omgeving verhouden. De ligging net boven het water zorgt voor allerlei fraaie spiegeleffecten. De glazen plint onder in het gebouw vlak boven het talud maakt dat het 's avonds gaat zweven. Binnen- en buitenruimte gaan in elkaar over doordat de vloer en het dak buiten zijn doorgetrokken en de kopse gevels geheel van glas zijn gemaakt.

De belangstelling voor torderen, verdraaien en balanceren, die in veel van Van Zuuks werk is te bespeuren – recent weer in zijn ontwerp voor de nieuwe ARCAM-galerie in Amsterdam en voor een woongebouw met fitnesscentrum in

Almere-Centrum – doet vermoeden dat hij is aangeraakt door de moderne *morphing*-technieken in de computerarchitectuur. Van Zuuks bezwaar daartegen is echter dat deze eerder demonstreren wat de programma's kunnen dan wat de bouw kan. Hij gaat uit van het bouwen en kijkt hoever hij kan komen. Of hij werkt met vlakken en probeert daar dynamiek in aan te brengen. Het roept de uitdrukking 'vlakkenbarok' in herinnering, waarmee Rudy Uytenhaak ooit het eigen werk typeerde. Ook de tactiek van Van Zuuk: het losmaken van het gebouw uit zijn omgeving om er op een hoger plan weer een relatie mee aan te gaan, is eerder door Uytenhaak toegepast, zoals bij zijn woongebouw De Droogbak in Amsterdam. Niet toevallig zijn beide ontwerpers opgeleid aan de TU Eindhoven – Van Zuuk overigens niet bij Bouwkunde maar Bouwproductietechniek – waar altijd veel aandacht werd gegeven aan materialiteit en vorm. Materialiteit en vorm laten zich beter met maquettes onderzoeken dan in de computer. Modelleren speelt in het werk van Van Zuuk dan ook een cruciale rol bij het vinden van de geschikte vorm bij een bepaald idee, deels ook

Analyse

into a green dike – into the background. Hence his choice of a serene, long form, whose expression is tempered by a somewhat inconspicuous colour. Van Zuuk explicitly calls himself a contextual designer. His buildings are expressive but not autonomous. 'A building is at its best when it fits in with its surroundings'. The fact that he insisted on placing the pavilion on a slope in the water, rather than on the edge of the pool as the client originally wished, does not contradict this. Only by setting free the building could it optimally relate to its surroundings. The positioning – just above the water – creates a range of splendid mirror effects. The glass plinth under the building directly above the slope means that in the evenings it floats. The interior and exterior space fuse together because the floor and the roof are extended outside and the end façades are made entirely of glass.

The interest in twisting, turning and balancing, which can be detected in much of Van Zuuk's work – recently once again in his design for the new Arcam gallery in Amsterdam and for a residential building with fitness centre in

Almere-Centrum – lead us to suspect that he has been touched by the modern morphing techniques in computer architecture. Van Zuuk's objection to this, however, is that it is more a demonstration of what the programmes are capable of rather than what building is capable of. He starts with building and sees how far he can go. Or he works with planes and tries to bring about dynamics. It calls to mind the term 'plane baroque' as Rudy Uytenhaak once characterised his own work. And Van Zuuk's tactic of setting free the building from its surroundings to enable it to engage in a relationship on a higher plane, was applied earlier by Uytenhaak in his residential building De Droogbak in Amsterdam. Both designers as it happens trained at Eindhoven University of Technology – Van Zuuk did not study architecture and building, but architecture and construction engineering – where a great deal of attention is always paid to materiality and form. Materiality and form are best studied with scale models rather than the computer. Consequently models play a crucial role in Van Zuuk's quest to find a suitable form for a specific idea,

omdat hij naar eigen zeggen niet kan tekenen. Dat wil niet zeggen dat er niet wordt gewerkt met de computer, veeleer dat het belang van maquette en computer wisselt gedurende het ontwerpproces. Het woongebouw met fitnesscentrum voor Almere-centrum met zijn welvende vorm, bekleed met gepotdekselde aluminium raampanelen, was niet meer zonder de computer te maken, aldus Van Zuuk. Maar de eerste grove vorm van het gebouw is uit maquettes ontstaan. Die vorm werd daarna verfijnd met de computer. Ten slotte eindigt het weer met de maquette om alles te controleren. 'Er zitten zo veel panelen aan dat je pas bij het plakken merkt of alles klopt.'

Van Zuuk zegt zich verwant te voelen met het structuralisme, niet de sociale kant ervan, maar het werken vanuit een systeem. Systemen zijn volgens hem inherent aan de architectuur. Anders dan in het *plan libre*, waar de kolommen niet de ruimte bepalen, wordt in De Verbeelding door het vervormen van de spanten meteen de ruimte van de hal bepaald. Het systematische in de architectuur zouden we een virtualiteit kunnen noemen die zich op vele manieren kan

actualiseren. Dat systematische bepaalt ook de verwantschap tussen het ontwerpmateriaal in de architectuur – ruitjespapier bijvoorbeeld – en het bouwmateriaal. Van Zuuk: 'Jan Benthem zei eens dat hij bij elk project vertrekt vanuit het ruitjespapier. Dat doe ik ook, maar met de bedoeling het te vervormen en te kijken welke structuur het beste bij de opgave past. Zo ontstaat zicht op de structuur en de marges.'

De eenvoudigste manipulatie met ruitjespapier is een hoek ervan oppakken en kijken wat er met het patroon gebeurt. Precies zo is denkbaar om concreet bouwmateriaal bij een punt te pakken om zicht te krijgen op de mogelijkheden van verdraaiing en torsie. Dat is wat in geval van de geprofileerde aluminium platen ook letterlijk werd ondernomen. Van Zuuk: 'Als je een hoek oprolt, zie je dat het loodrecht op het profiel vrijwel onbuigzaam is, maar in de lengterichting is het heel slap en laat het zich gemakkelijk verbuigen. De leverancier durfde die torsie aanvankelijk niet aan en wilde geen garantie geven. Toen hebben we op het bureau met hem erbij een demonstratie gegeven en hem weten te overtuigen.'

Analysis

partly also, he says, because he cannot draw. That is not to say that he does not use the computer, rather that the importance of model and computer alternate during the design process. The residential building with fitness centre for Almere-Centrum with its curving form, clad with weather boarded aluminium window panels, could not have been designed without the aid of the computer, so says Van Zuuk. But the first rough design of the building originated from models. That design was subsequently refined with the computer. Finally it ended once again with a scale model to check everything. 'There are so many panels that only when pasting them can you see if everything tallies.'

Van Zuuk says he feels affinity for structuralism, not its social aspect, but working from within a system. Systems, according to him, are inherent in architecture. While in the *plan libre* the columns do not determine the space, in 'De Verbeelding' the distortion of the trusses immediately determines the hall space. We could call the systematic in the architecture a virtuality that can actualise in many ways. That

systematically also determines the relationship between the design material in the architecture – graph paper, for example, – and the construction material. Van Zuuk: 'Jan van Benthem once said that his starting point for each project was graph paper. It's the same with me, but with the intention of distorting it and examining which structure best suits the assignment. This gives insight into structure and margins.'

The simplest manipulation with graph paper is to lift up a corner and look at what happens to the pattern. It is perfectly possible to lift up concrete construction material by a point to gain insight into the possibilities of distortion and torsion. This is what was literally undertaken in the case of the profiled aluminium sheets. Van Zuuk, 'If you roll up a corner you see that perpendicular to the profile it is practically rigid but in the longitudinal direction it is very weak and can easily be twisted. Initially the supplier wouldn't risk the torsion and refused to give a guarantee. We then gave him a demonstration at the office and were able to convince him'.

Tijdelijke fietsenstalling
VMX Architects

Een studie van VMX voor een derde oeververbinding over de Maas in Rotterdam vormde de opmaat voor de fietsenstalling in Amsterdam. VMX wilde geen verbinding maken maar een brug als verlengstuk van boulevards op de noord- en zuidoever van de Maas. Om dit boulevardkarakter op te roepen, moest er een platte brug komen waarbij de technische constructie zo veel mogelijk aan het oog moest worden onttrokken. De brug moest een plaats worden en zo het generieke Rotterdam specifiek maken. Bij een brug is zoiets nog voor te stellen, maar bij een fietsenstalling, of een parkeergarage voor fietsen zoals Don Murphy het noemt? Hoe kan een voorziening die eigenlijk puur handeling en beweging is en waar men doorgaans geen minuut langer wil zijn dan nodig, een plaats worden?

'Structure (mechanics) can inform design' was een van de dingen die Don Murphy leerde op het Berlage Instituut. Een ander uitgangspunt is wat hij noemt 'mechanics putting to the extremes'. De fietsenstalling is licht en minimalistisch opgezet, gebaseerd op het principe van het omhoog getrokken fietspad. Vervolgens werd alles erop gericht dit idee tot expressie te brengen. De lichtheid wordt onderstreept door de associatie met een boot, waarbij echter puur functionele eisen het uitgangspunt vormden, zoals de vereiste manoeuvreerruimte voor de rondvaartboten en de eis dat de stalling geen raakpunten mocht hebben met de bestaande kademuur. Dit heeft geresulteerd in een delicate balans: de vloervelden zijn opgehangen aan dertien dubbele kolommen in het midden van het gebouw. Het overstek aan de waterkant krijgt zijn contragewicht in de vloer in beton op de begane grond aan de kadezijde. Zo'n contragewicht paste Murphy eerder toe bij een tafel voor een particuliere woning. Daar werd een betonnen tafelblad met een overstek van ruim twee meter gepareerd met een stalen balk onder de vloer.

Zo is in principe de voorziening gereed. De fietser beweegt zich via het licht hellende fietspad omhoog, zoekt ergens langs het pad zijn plek, stalt zijn rijwiel en wandelt naar beneden,

Analyse

Temporary Bicycle Shed
VMX Architects

A study by VMX for a third cross-river connection over the Maas in Rotterdam formed the overture for the bicycle facility in Amsterdam. VMX did not want to make a connection but a bridge as an extension of boulevards on the north and south banks of the Maas. In order to evoke this boulevard character a flat bridge was needed with the technical construction hidden from view as far as possible. The bridge was to become a social focus and thereby making generic Rotterdam specific. Something like this is conceivable for a bridge, but for a bicycle facility, or a parking place for bicycles as Don Murphy called it? How can a facility that is in fact purely for actions and motion where, as a rule, no one wants to spend a minute longer than is necessary, become a place, a social focus?

'Structure (mechanics) can inform design' was one of the things Don Murphy learnt at the Berlage Institute. Another point of departure is what he calls 'Mechanics put to the extremes'. The bicycle storage facility is light and minimalistically planned, based on the principle of a raised cycle track. Then everything was directed at giving expression to this idea. The lightness was emphasised by the association with a boat whereby, however, pure functional requirements formed the point of departure such as the manoeuvring space needed for the water bus and the stipulation that the facility should not have any points of contact with the existing quay wall. This has resulted in a delicate balance: the floor areas have been mounted on thirteen double columns in the middle of the building. The overhang on the water side has its counterweight in the floor in the concrete on the ground floor on the quay side. Murphy had already applied a similar counterweight to a table for a private house. In this instance a concrete table top with an overhang of more than two metres coupled to a steel beam under the floor. This, in principle, is the way the facility has been finished. The cyclist rides up the lightly inclining cycle path, looks for a place adjacent to the cycleway, stalls his/her bike and walks down to the bottom, possibly taking

eventueel gebruikmakend van de *short cuts* in de vorm van de trappen. Maar is het daarmee ook een plaats? Hoe wordt de dagelijkse act van het fietsenstallen onderdeel van een publieke belevenis? Don Murphy spreekt in dit verband van de topografie van het project. De voorziening *fits* in zijn omgeving. Zo is de flauwe helling in de bestaande kademuur ter plaatse van het Stationsplein aangegrepen om een stelsel van hellingbanen te creëren waarop aan beide kanten de fietsen staan. Belangrijker nog is de openheid van het gebouw. Aan de waterkant is het overkragende deel helemaal open. Aan de andere kant zijn er dunne kolommen nodig om het evenwicht te bewaren. Dit gebouw kent geen gevels. Weer en wind hebben er vrij spel. Deze openheid bevordert een gevoel van veiligheid, men heeft overal vrije doorkijk. Maar het verheft een bezoek ook tot een spektakel met afwisselend de beelden van de historische stad en van de drukte op straat. De openheid wordt op geraffineerde wijze ondersteund door de naar de uiteinden toe dunner wordende en daardoor aflopende vloeren. Dit maakt dat de fiets bijna vanzelf in het rek zakt en dat het uitzicht over de gestalde fietsen heen bewaard blijft. Nut, esthetiek en spektakel gaan hier op gelukkige wijze samen en zorgen ervoor dat een dagelijks terugkerende handeling die doorgaans gepaard gaat met ergernis en ongemak, is veranderd in een plezierige ervaring.

Dit zou je de humanistische kant van de ontwerpbenadering van VMX kunnen noemen. Architectuur staat in dienst van het plezier, niet louter het intellectuele of esthetische genot, maar ook dat van de alledaagse ervaring van de leek. VMX verzet zich tegen een architectuur die te ver van het gewone leven afstaat. De uitdaging is de architectuur attractiever en lichter te maken zonder in populisme te vervallen of historisme. Vandaar ook Don Murphy's verzet tegen het klakkeloze gebruik van baksteen. Liever werkt hij met onderdelen geassembleerd in de fabriek en gemonteerd op de bouwplaats. Hij zoekt zijn materialen in de fabrieken zoals de modeontwerper op zoek gaat naar zijn stoffen.

Zo zijn de stalen vleugels van de fietsenstalling gemonteerd in een Frles bouwbedrijf en

Analysis

Practicality, aesthetics and spectacle are well matched and ensure that a daily recurring transaction that is usually accompanied by irritation and inconvenience, is changed into a pleasant experience.

You could call this the humanistic side of VMX's approach to the design. Architecture in the service of pleasure, not merely intellectual or aesthetic enjoyment, but also that of the daily experience of the layman. VMX resists architecture that is remote from the realities of daily life. The challenge is to make the architecture more attractive and lighter without deteriorating into populism or historicism. This also explains Don Murphy's objection to the indiscriminate use of bricks. He prefers to work with components assembled in the factory and installed on the construction site. He searches for his materials in the factories in the same way as a fashion designer goes in search of fabrics. The steel wings of his bicycle facilities were assembled in a Friesian construction company and subsequently transported to Amsterdam. This construction – more related to ship building or aircraft construction than to

advantage of the short cuts in the form of stairwells. But does this make it a social focus? How can the daily act of stalling bikes become part of a public experience? Don Murphy speaks in this context of the topography of the project. The facility 'fits' into its surroundings. In this way the gentle incline in the existing quay wall adjoining the Stationsplein is used to create a system of ramps on both sides of which the bikes can be stalled. Still more important is the openness of the building. On the waterside the corbelled section is entirely open. On the other side, thin columns are needed to maintain balance. This building has no facades. Wind and weather have the upper hand. This openness promotes a feeling of security, the view is unimpaired from all sides. But it elevates a visit into a spectacle with alternating views of the historical city and the bustling street. The openness is supported in a refined way by the floors becoming thinner towards the far ends and thereby creating sloping floors. This means that the bicycle almost drops into the rack by itself and that the view over the stalled bike remains unimpaired.

vandaar naar Amsterdam vervoerd. Deze eerder met de scheeps- of vliegtuigbouw dan met de huizenbouw verwante constructie kon bovendien de bouwtijd aanzienlijk verkorten en de hinder voor het scheepvaartverkeer tijdens de montage beperken. In een woningbouwproject aan de Sarphatistraat wordt eveneens gebruikgemaakt van in de fabriek met de hand gemaakte panelen die vervolgens op locatie werden gemonteerd. Het pre-beton zorgt in het voorbijgaan voor een aangename tinteling in de gevel. Voor een studiehuis in Den Bosch werd geëxperimenteerd met een 'baksteen' die is opgebouwd uit meerdere lagen en waarvan het goudlaagje glinstert in de zon.

Dit tegelijk topografische en esthetische karakter van het gebouw, als een juweel in een doosje, is kenmerkend voor het werk van VMX. Ter gelegenheid van de tentoonstelling 'Nine + One' (1996) werd ervan gezegd: 'The subsequent ordering of functions and programmatic organization of space result in powerful autonomous blocks.' Het werk beantwoordt aan praktische eisen, maar zingt zich los tot een autonoom esthetisch architectonisch object.

Langzaam begint voor Don Murphy uit zijn tot nu toe uitgevoerde experimenten een vermoeden te groeien van wat architectuur is: een professie waarin autonomie en kwaliteit met elkaar zijn gelieerd en waarin het publieke en het sublieme beide een plaats hebben.

Het gaat daarbij niet om image of vorm. communicatie met de beschouwer berust op de fysieke aanwezigheid van het gebouw. Het lijkt of in geval van de fietsenstalling de opdrachtgever uit was op een gebouw dat er niet mocht zijn, gezien de eis van tijdelijkheid, van goedkoopte, van bouwsnelheid, van transparantie en het vermijden van hinder. De ontwerpers hebben dit er-niet-mogen-zijn nadrukkelijk tot presentie gebracht, zo zelfs dat het in korte tijd zijn plaats heeft verworven en behoort tot de meest gefotografeerde gebouwen in Amsterdam.

Analyse

house building – could speed up the construction time considerably and reduce the nuisance to shipping traffic during assembly. Similarly, panels made by hand in a factory for a housing scheme in the Sarphatistraat were also assembled on the spot. The precast concrete adds a pleasing sparkle to the façade when passing by. For a study house in Den Bosch experiments were made with a 'brick' composed of several layers, the gold layer of which glistens in the sun. This simultaneous topographical and aesthetic character of the construction, like a jewel in a jewel case, is characteristic of the work of VMX. On the occasion of the exhibition 'Nine + One' (1996) it was said: 'The subsequent ordering of functions and programmatic organisation of space result in powerful autonomous blocks'. The work satisfies all the practical requirements but shines out as an autonomous, aesthetic, architectural object. Slowly, from the experiments he has conducted to date, Don Murphy is growing to understand what architecture is: a profession in which autonomy and character are allied to each other and one in which the public and the

sublime both occupy a place. It is not about image or form. The communication with the viewer is based on the physical presence of the building. It seems that in the case of the bicycle facility the client was looking for a building that should not be there, given the requirement for temporariness, inexpensiveness, speed of construction, transparency and avoiding nuisance. The designers have expressly made this 'I-shouldn't-be-here' a presence, so that in a short space of time it has earned its place, and numbers among one of the most photographed buildings in Amsterdam.

Parasite Las Palmas
Korteknie Stuhlmacher Architecten

De ontwerpers zijn de oprichters van de Parasite Foundation, die een drieledige doelstelling heeft. Ze wil de bouw van geprefabriceerde, kleinschalige woonprojecten stimuleren die kunnen parasiteren op bestaande infrastructuur. Deze bouwsels zijn bedoeld voor kleinschalige restlocaties (para-*sites*), zoals platte daken, slooplocaties, strategisch gereserveerde locaties voor toekomstige ontwikkelingen of locaties op het water.

Na de organisatie van een ontwerpproject waaraan dertig architectenbureaus en studententeams uit heel Europa deelnamen, en waarvan de resultaten onder andere werden tentoongesteld in Malmö en Rotterdam, kregen de ontwerpers de gelegenheid in het kader van Rotterdam Culturele Hoofdstad zelf een parasite te ontwikkelen. Deze siert tot op dit moment het lifthuis van het voormalige werkplaatsengebouw Las Palmas in Rotterdam.

Het gebouwtje maakt de doelstellingen van de stichting helemaal waar. Er is sprake van een restlocatie, het bouwsel parasiteert op een bestaand gebouw en is ondanks zijn geprefabriceerde karakter volledig op de locatie afgestemd. Het is een soort lichtorgel dat het wisselende licht van zijn omgeving via strategisch geplaatste ramen en raampjes vangt en doorgeeft aan het interieur. De opvallende en sterk van zijn gastheer afwijkende kleur en de wijze waarop het zich aan hem vastklampt, onderstrepen dat hier geen sprake is van een organische of symbiotische relatie maar van een parasitaire. Tegelijk is er sprake van een volwaardige woning – geen *folly* dus – die weliswaar ten tijde van de manifestatie Culturele Hoofdstad de functie had van billboard en modelwoning, maar uiteindelijk is bedoeld om zelf ooit gastheer te worden voor een bewoner. Op zijn huidige locatie is officiële bewoning echter helaas niet toegestaan. De bestemming van Las Palmas is onzeker nadat bekend werd dat hier het geplande 'Instituut voor Beeldcultuur' niet zal worden gevestigd. Van deze tijdelijke impasse profiteert de parasite: tot eind 2003 kan hij op de liftschacht blijven staan. Mochten de toekomstige verbouwingsplannen

Parasite Las Palmas
Korteknie Stuhlmacher Architects

The designers are the founders of the Parasite Foundation, which has a threefold objective. The Foundation wishes to stimulate the building of prefabricated, small-scale housing projects that can flourish on existing infrastructure. These structures are intended for small-scale leftover locations (para-*sites*), such as flat roofs, demolition sites, strategically-reserved sites for future developments or locations by the water. Having organised a design project in which thirty architectural firms and teams of students participated from the whole of Europe, the results of which were exhibited in Malmö and Rotterdam, the designers were given the opportunity of developing a parasite themselves within the framework of Rotterdam Cultural Capital. This currently adorns the lift house of the former workshop building, Las Palmas in Rotterdam.

The building fully lives up to the objectives of the Foundation. This is a leftover location, the structure parasitises on an existing building and despite its prefabricated character it is wholly tailored to the location. It is a kind of light organ that catches the varying light of its surroundings via strategically-placed large and small windows and passes it on to the interior. The striking colour, in strong contrast to its host, and the way in which it clamps itself to it underlines the fact that this is not an organic or symbiotic relationship, but a parasitic one. At the same time this is a fully-fledged house – not a folly – that during the Cultural Capital manifestation did indeed function as a billboard and model show home, but ultimately is itself intended to act as a host for an occupant. Unfortunately, at its present location, official housing is not allowed. The existence of Las Palmas is uncertain following the announcement that the plans for a 'Institute for Visual Culture' have been abandoned. The parasite enjoys this temporary impasse: it can stay on the elevator shaft until the end of 2003. If the planned renovation no longer allows a longer stay, the parasite is left with no other option than to jump to another host. But attempts to transport it to Hoogvliet within the framework

langer verblijf niet toestaan dan rest maar één ding: overspringen naar een andere gastheer. Maar pogingen om hem in het kader van de Internationale Bouw Tentoonstelling Hoogvliet te verschepen en aan de kopgevel van een flat in Hoogvliet te koppelen zijn tot nu toe op niets uitgelopen.

Rien Korteknie en Mechthild Stuhlmacher zien met lede ogen hoe hun LP2 wegkwijnt hoog boven het water, overgeleverd aan weer en wind. Maar nog steeds is voelbaar dat hier met eenvoudige middelen en met behulp van geprefabriceerde materialen die op locatie in korte tijd zijn geassembleerd, een demonstratie is gegeven van wat architectuur kan oproepen, een samenspel van ruimte, licht en materiaal, dat niet alleen in de beweging door het huis tot leven komt, maar zelf ook wordt aangeblazen door de omringende elementen: licht, wind en ruimte.

Dit was mogelijk door het gebruik van geprefabriceerde Lenotec-panelen – in Duitsland, waar het vandaan komt, ook wel 'Dickholz' genoemd – vurenhouten platen in vijf lagen die kruislings zijn verlijmd vergelijkbaar

met multiplex – en die in de fabriek met behulp van een robotzaag op maat zijn gemaakt. Deze panelen zijn dragend, scheidend, isolerend en brandwerend in één, kolommen en dwarsbalken kunnen worden gemist. Grote overspanningen, sculpturale vormen en grote, ook overhoekse ramen zijn mogelijk, zoals in dit gebouw wordt gedemonstreerd. Mechthild Stuhlmacher spreekt van een 'ontwerpbevrijding': dit bouwsysteem bevrijdt de houtarchitectuur van zijn constructieve beperkingen. Het huis kan als een bouwpakket worden aangeleverd en ter plaatse worden gemonteerd. De takellussen die de ontwerpers hier en daar hebben laten zitten, leggen daar nog getuigenis van af. Stuhlmacher hield zich al langer bezig met innovatieve houtconstructies en kende het materiaal al langer. Het experiment heeft haar opnieuw overtuigd van de mogelijkheden. 'Het gaat om het karakter van ruimtes en de betekenis van materiaal. In Nederland ontbreekt daarvoor de ambachtelijke traditie. Dus ben je aangewezen op prefabricage, die omweg heb je nodig.' Maar dan niet de conventionele prefab wel te verstaan, want dan beland je volgens haar nog altijd in de fuik

Analyse

of the International Building Exhibition being held there and to couple it to the end wall of a flat have currently come to a halt.

Rien Korteknie and Mechthild Stuhlmacher look on with sorrow as their LP2 wastes away high above the water, at the mercy of the elements. But what is still perceptible that here – with simple resources and with the help of prefabricated materials that have been assembled in a short space of time on the site – a demonstration is being given of what architecture can evoke, a combined play of space, light and material, that not only comes to life in the movement through the house but itself is also stirred up by the surrounding elements: light, wind and space. This was possible owing to the use of prefabricated Lenotec panels – in Germany where they are manufactured they are called Dickholz – pinewood sheets in five layers that are glued crossways similar to multiplex and which are made to measure in the factory with the help of a robot saw. These panels are load bearing, partitioning, insulating and fire-resistant in one, columns and transverse beams are unnecessary. Large column-

free spans, sculptural forms and large, also diagonal, windows are possible, as demonstrated in this building. Mechthild Stuhlmacher speaks of a 'design liberation': this method of construction liberates the timber architecture from its structural limitations. The house can also be delivered as a do-it-yourself kit and assembled on the spot. The tackle loops that the designers have left here and there testify to this. Stuhlmacher was working already for some time with innovative wood constructions and knew the material very well. Her experiment has once again convinced her of the possibilities. 'It concerns the character of spaces and the significance of materials. The Netherlands lacks the traditional methods for this. Consequently you are left with prefabrication, you need to make this detour'. But not the conventional prefab, you should understand, because then you land up in the trap of uniformity, equal sized modules and standardisation.

Integral is the question to what extent a built object can not only support spatial and architectural parasitism, but also in relation to the orgware, the halo of regulations,

van eentonige moduulmaten en seriematige standaardproducten.

Intrigerend is de vraag in hoeverre een gebouwd object zich niet alleen ruimtelijk en architectonisch parasitair kan gedragen, maar ook in verhouding tot de *orgware*, de halo aan regels, bepalingen en verordeningen die zelfs restlocaties omgeven en moeilijk zijn te negeren. Het zou interessant zijn om in de stad de twee kaarten over elkaar heen te leggen, die van de ruimtelijke en die van de institutionele restlocaties. In dat geval ontstaat zicht op de niches waarin de parasiet zich duurzaam zou kunnen nestelen, ruimtelijk en institutioneel. Het is duidelijk dat het dak van Las Palmas ruimtelijk aan de criteria van de restlocatie voldoet, institutioneel echter niet. In dat opzicht bleef het een volwaardige locatie waar alle verordeningen, van brandveiligheid, van bouwvergunningen, e.d. onverminderd golden. De ontwerpers werden daar dan ook in alle hevigheid mee geconfronteerd, vooral de brandweer trok na 'Volendam' de touwtjes nog eens extra aan. Nu zijn architecten — zeker de generatie van de jaren negentig — snel vinding-

rijker geworden in het bespelen van de orgware. Hier moest echter alles zo snel en goedkoop dat er volgens Mechthild Stuhlmacher 'niet eens tijd was om ruzie te maken'. Het is dan ook vooral dankzij de culturele meewind van Rotterdam Culturele Hoofdstad, waarin een belangrijke rol voor Las Palmas als tentoonstellingsruimte was weggelegd, dat realisatie mogelijk was. Die meewind is inmiddels verdwenen, terwijl de machinerie van de orgware onverminderd doordraait. Die afhankelijkheid maakt dat Irénée Scalbert de uitdrukking parasiet maar half geslaagd vindt, getuige zijn bijdrage aan de catalogus bij de tentoonstelling, *The City of Small Things*. Geslaagd voorzover er groei en invulling mee wordt aangeduid, minder geslaagd in de betekenis van iets kleins dat op iets groots parasiteert. Dat wekt immers de suggestie dat het kleine niet kan bestaan zonder het grote. Volgens hem moeten de Small Things worden gezien als zelfstandige en legitieme objecten in de stad (*The City of Small Things*, p. 14).

Analysis

constraints and bye-laws that surround leftover pieces of land and are difficult to ignore. It would be interesting to place two maps of the city on top of each other, the one of spatial leftovers, the other of institutional leftovers. This would provide insight into the niches where the parasite could permanently settle, both spatially and institutionally. It is clear that the roof of Las Palmas does satisfy the spatial criteria of the leftover site, not the institutional one, however. In this respect it remained a fully valid site where all the bye-laws governing fire safety, building permission, etc. remained in full force. The designers were confronted with these bye-laws head on, the fire brigade in particular, following the fire in Volendam. Nowadays architects — certainly the generation of the nineties — have quickly become more resourceful in playing the orgware. Here, however, everything had to be done so quickly and inexpensively that, according to Mechthild Stuhlmacher, 'there wasn't any time to argue'. It was especially thanks to the cultural tail wind of Rotterdam Cultural Capital in which an important role was set aside for Las Palmas as

an exhibition venue, that the realisation was possible. That tail wind has in the meantime disappeared while the machinery of the orgware continues to turn relentlessly. That dependence makes Irénée Scalbert consider the term parasite only partly successful, as witnessed by his contribution to the exhibition catalogue, *The City of Small Things*. Successful as far as growth and elaboration are concerned, less successful in the sense of something small that parasitises on something big. This, after all, evokes the suggestion that small cannot exist without large. According to him the Small Things should be seen as autonomous and legitimate objects in the city (*The City of Small Things*, p. 14)

Pilotshop Mandarina Duck
NL Architects

Een van de vondsten in de winkel is het gebruik van snelbinders waarmee artikelen tegen de wand kunnen worden geklemd. Nadat ze op dit idee kwamen, hebben de ontwerpers alle varianten van de snelbinder bekeken die in productie waren. De in de winkel toegepaste vonden ze de mooiste, maar deze was alleen in zwart verkrijgbaar. De fabrikant heeft hem speciaal voor dit project in verschillende kleuren gemaakt. De opdrachtgever wilde bij de opening een cadeautje geven aan de gasten. NL Architects opperde toen om een snelbinder cadeau te doen, te gebruiken als huishoudelijke accessoire. Hij werd verpakt in een fraai hoesje waarop door NL Architects met afbeeldingen verschillende gebruikssuggesties werden weergegeven. Droog Design is nu van plan de snelbinder in productie te gaan nemen, waarbij de ontwerpers het auteursrecht behouden.

Het verhaal van de snelbinders zegt iets over de ontwerpattitude van NL Architect, die deels weer verwant is met die van Droog Design. Het banale en alledaagse wordt in dubbele zin opgeheven: het krijgt een nieuwe betekenis in een andere context. In feite is in geval van de snelbinder zelfs sprake van een circulatie door een reeks van contexten: *objet trouvé* voor de ontwerper, houder in een modewinkel, trendy relatiecadeau en uiteindelijk zelf ook verkoopartikel in de designwinkel.

Voor de inrichting van de winkel zijn twee principes doorslaggevend. Ten eerste de wisselwerking van vol en leeg: door het maken van containers vol koopwaar kan de ruimte betrekkelijk leeg blijven. Deze gedachte ligt ook ten grondslag aan andere plannen van NL Architects zoals het prijswinnende Pixelcity bij Den Haag, waar de concentratie van Vinex-woningen in grote gebouwen de omringende ruimte leeg laat. Het hieruit voortvloeiende principe is de betrekkelijke onverschilligheid voor de winkelruimte zelf, die door de ontwerpers is behandeld als een 'opgeschoond casco'. NL Architects verzet zich tegen de minimalistische inrichting van veel hedendaagse winkels met gebruik van steeds hetzelfde rijtje materialen, waarbij de artikelen zijn opgesteld langs de

Pilotshop Mandarina Duck
NL Architects

One of the clever ideas in the store is the use of carrier straps with which articles can be clipped onto the wall. Having conceived this idea the designers set about examining all the variations of the carrier strap that were in production. They considered the one used in the store the most attractive, but this was only available in black. The manufacturer had made the carrier straps in different colours especially for this project. The client wanted to give the guests at the opening a free gift. NL Architects then proposed giving everyone a carrier strap as gift, for use as a household accessory. NL Architects packed it in an attractive sleeve with illustrations of various suggestions as to how to use it. Droog Design now intends producing the carrier strap, whereby the designers retain the copyright.

The story about the carrier straps says something about NL Architect's attitude to design, which is partly kindred to that of Droog Design. Something banal and commonplace is elevated in a double sense: it gains a new significance in another context. Indeed, in the case of a carrier strap, it is a circulation of a series of contexts: *objet trouvé* for the designer, holder in a fashion store, trendy promotional gift and ultimately even a sales article in a design store.

Two decisive factors determined the layout of the store. Firstly, the interaction of full and empty: by filling containers with merchandise the space can appear relatively empty. This thought was also the basis for other plans by NL Architects such as the prize-winning Pixelcity near The Hague, where the concentration of Vinex housing in large buildings leaves the surrounding space empty. The resulting principle is the comparative neutrality towards the store space itself, that the designers treated as a 'cleared out shell'. NL Architects resist the minimalist layout of many contemporary stores by repeatedly using the same row of materials, whereby the articles are arranged along the wall. The architects would have preferred to have placed separate, movable furniture in the space. If these have lighting then the plug is

wanden. Liever wilde het bureau losse verplaatsbare meubels in de ruimte plaatsen. Als
er verlichting in zit, is deze stekkerklaar aangeleverd. Belichting door spots van buitenaf
is tot een minimum beperkt.

Vervolgens konden de ontwerpers al hun
aandacht richten op de intieme en specifieke
relatie van de artikelen met hun 'houders' of
cocons, die werken als een etui, een bijouterie-
doos, een kamer, een sluier. Dit verbergen of
versluieren van de koopwaar maakt haar verleidelijk en omringt haar met bepaalde associa-
ties. De paskamers zijn geïnspireerd op graan-
cirkels, maar de suggestie is ook dat je je hier
even in de bosjes kunt verkleden tussen de
wuivende glasgroene fibersprieten. Een ander
voorbeeld is de couveusetafel met glazen kap
waarin de kleine artikelen alleen met hand-
schoenen kunnen worden beetgepakt.

De consequentie van de losse relatie tussen de houders en de winkelruimte is tweeërlei.
Enerzijds ontsloeg het de ontwerpers om zich
op architectonische wijze met een winkelruimte
bezig te houden, wat hun een grote mate van
vrijheid verschafte. Ze konden zich volledig

richten op het ontwikkelen van ideeën over
de samenhang van objecten en hun houders
en hier hebben ze zich dan ook naar hartelust
uitgeleefd. Zo zijn er in het oorspronkelijke
schetsboek nog veel meer ideeën te vinden,
die het echter om uiteenlopende redenen niet
hebben gehaald. Omgekeerd is een aantal
gerealiseerde objecten alweer uit de winkel
verdwenen. Zo is de tunnel die op de opening
nog wel was te zien en zelfs de omslag sierde
van een nummer van *Domus*, inmiddels verdwenen, vanwege het simpele feit dat een van
de directeuren er niets in zag. Daarmee komen
we op de keerzijde van deze flexibiliteit. Er
kunnen stukken uitgehaald worden zonder dat
dat het geheel aantast. Hier werden de ontwerpers geconfronteerd met het feit dat ze een
winkel 'zonder architectuur' voor ogen hadden.
Uit een gesamtkunstwerk met een uitgekiend
samenspel van ruimte en materiaal kan niet
ongestraft zomaar iets worden verwijderd.

In de loop van het proces kwamen boeien-
de cultuurverschillen aan het licht tussen
ontwerpers en opdrachtgevers. De ontwerpers
werden aanvankelijk gevraagd voor het ontwik-

Analysis

attached. Lighting by spots is kept to a minimum. Then the designers concentrated on the
intimate and specific relationship of the articles
with their 'holders' or cocoons, that serve as a
case, a jewellery case, a room, a veil. They hide
or veil the merchandise, make it tempting and
surround it with certain associations. The fitting
rooms are inspired by corn circles, but there is
also the suggestion that you can change in the
woods, between swaying, grass-green, fibre
blades. Another example is the incubator table
with glass top in which you can only handle
the small articles using gloves.

The consequence of the loose relationship
between the holders and the store space is
twofold. On the one side the designers were
relieved of having to concern themselves with
the store space from an architectural point of
view, something that gave them a great degree
of freedom. They could concentrate completely
on developing ideas about the cohesion
between objects and their holders and here
they indulged themselves to their hearts'
content. Many more ideas are to be found in
the original sketchbook which, however, for

various reasons, were not realised. Conversely
a few objects that were realised have already
disappeared from the store. Such as the tunnel
that was to be seen at the opening and adorn-
ed the front page of an issue of *Domus*, which
has in the meantime disappeared owing to
the simple fact that one of the managers did
not like it. And this brings us to the other side
of this flexibility. Elements can be removed
without affecting the whole. Here the designers
were confronted with the fact that they envis-
aged a store 'without architecture'. You cannot
simply remove something from a complete
work with a sophisticated combination of
space and material, without paying a price.

During the process fascinating differences
in culture emerged between the designers and
the clients. The designers were originally asked
to develop a catalogue for consulate shops,
a kind of licence store, but for Mandarina Duck
articles. For the pilot project in Bologna they
proposed creating a store with large glass
facades – empty except for a large cocoon.
The client considered this too elitist to the
astonishment of the designers. 'We thought

kelen van een catalogus voor *consulate shops*, een soort zetbaaswinkels voor Mandarina Duck-artikelen. Voor het pilotproject in Bologna stelden ze voor een winkel te maken met grote glazen gevels, die op een grote cocon na leeg was. De opdrachtgever vond dit tot verbazing van de ontwerpers te elitair. 'Wij dachten dat Mandarina Duck nogal chic was', zegt Pieter Bannenberg achteraf, 'maar in Italië ziet men dat niet zo.' De opdrachtgever wilde een wat speelser inrichting waarbij er ook vanaf de straat wat te zien zou zijn. Het idee leidde er echter wel toe dat NL Architects werd gevraagd voor de vormgeving van de Parijse *ambassador shop* of *flagship store*, waarvan Mandarina Duck er een aantal in belangrijke Europese steden wil gaan ontwikkelen, ontworpen door gerenommeerde ontwerpers.

Cultuurverschillen en het ontwerpen op afstand hebben de ontwerpers ook bij de uitvoering parten gespeeld. NL Architects had voor de uitvoering een bedrag opgevoerd dat in overeenstemming was met de *ambassador*-status van het Parijse project. Maar uiteindelijk is het budget toch meer *consulate* geworden en

dat heeft zich met name in de uitvoering en het schilderwerk van het casco gewroken. Maar ook het pièce de résistance van het project, de draaiende wenteltrap, bleek slecht geschilderd en door technische mankementen al direct na de opening niet meer adequaat te functioneren.

De vraag is waarvoor de *flagship store* dient. Is hij op de eerste plaats bedoeld om de verkoop ter plekke op te voeren? Pieter Bannenberg denkt van niet. Hij vermoedt dat ze vooral dienen als het visitekaartje van een merk in het continue proces van het (her)uitvinden van een identiteit. De *flagship store* of *brand store* speelt daarin een cruciale rol. Hij verschaft de producten een aura, ook wanneer ze in minder opwindende ambiances worden aangeboden, wat altijd nog voor de meerderheid van de artikelen zal gelden. De ontwerper staat in dienst van dit proces. Maar dat betekent niet volgens Pieter Bannenberg, dat 'de winkel alleen ruimte biedt voor ervaringen die zijn terug te brengen tot kijken en kopen'. Commercie en belangeloze museale ervaring gaan met elkaar een symbiotische relatie aan, zoals de artikelen dat doen met hun houders.

Analyse

that Mandarina Duck was rather chic' says Pieter Bannenberg with hindsight, 'but they don't think this way in Italy'. The client wanted a more fanciful layout some of which should be visible from the street. The idea, however, did lead to NL Architects being asked to do the design of the Parisian ambassador shop or flagship store, which Mandarina Duck wants to develop in a number of major European cities, designed by renowned designers. Cultural differences and designing at a distance also led to misunderstandings in the implementation. For the implementation NL Architects had raised the price to correspond with the ambassador status of the Parisian project. But ultimately the budget was more suited to a consulate store and this had an adverse effect on the implementation in particular, and the paintwork of the cocoon. But also the *pièce de résistance* of the project, the revolving winding stair, proved to be poorly painted and failed to function properly immediately after the opening.

The question remains: what is the purpose of a flagship? Is it primarily intended as a sales

outlet? Pieter Bannenberg does not think so. He surmises that it serves primarily as the visiting card of a brand in the continuous process of re-inventing an identity. The flagship store or brand store plays a crucial role in this. It gives the products an aura even if they are on sale in less stimulating ambiances, something that will always apply to the majority of articles. The designer is in the service of this process. But according to Pieter Bannenberg this does not mean that 'the store only offers space for experiences that can be reduced to looking and buying'. Commerce and altruistic museological experience enter into a symbiotic relationship, as do the articles with their holders.

Hageneiland
MVRDV

Het plan is op een aantal punten duidelijk een voortzetting van de stedenbouwkundige uitgangspunten in het masterplan voor Waterwijk, en Hageneiland in het bijzonder. Maar steeds wordt er door de ontwerpers ook een eigenzinnige draai aan gegeven. Zo is het onderscheid van raamwerk en woonvelden nog duidelijk herkenbaar, maar MVRDV koos uitdrukkelijk niet voor wonen aan het water. Het raamwerk kreeg een publiek karakter met een wandelpad, een weg en parkeervoorzieningen, terwijl het woonveld een informele dorpse sfeer kreeg zonder doorgaande wegen. De stedenbouwkundige projectgroep liet de verkaveling tamelijk vrij, maar gaf wel weer ondubbelzinnige aanwijzingen voor de materialisering van de architectuur. Zo zouden de voorgestelde kleuren en materialen de verzameling individuele woningen moeten hullen in een gemeenschappelijke sluier, 'zoals een vers laagje sneeuw de huizen kan overdekken'. MVRDV ging hierin mee maar koos tegelijk voor meerdere sluiers, die

Hagen Island
MVRDV

In a number of respects the plan is a continuation of the urban points of departure in the Masterplan for Waterwijk, and Hageneiland in particular. But time and again the designers have also given it a strongly individual turn. The distinction between general structure and residential areas remains clearly distinguishable, but MVRDV has expressly rejected housing by the water. The general structure has been given a public character with a path, a road and parking facilities, while the residential area is given an informal village atmosphere with no through routes. The urban project group left the parcelisation relatively free but gave unambiguous indications for the materialisation of the architecture. The proposed colours and materials should envelop the collection of individual housing units in a shared veil, 'like a fresh layer of snow covering houses'. MVRDV went along with this but at the same time opted for several veils that are more likely to be associated with outdoor wallpaper than snow.

eerder de associatie met (buiten)behang oproepen dan met sneeuw.

Ook in het gehanteerde woningtype volgden de ontwerpers de aanbevelingen van de andere partijen, om er vervolgens op heel eigen wijze mee aan de haal te gaan. Stedenbouwkundige Frits Palmboom eiste een basisvorm van twee lagen met een dakopbouw. De ontwikkelaars stelden stringente voorwaarden aan inhoud, oppervlakte en stramienmaten. De ontwerpers omarmden de standaard naar de letter: de archetypische vorm van het rijtjeshuis met een woonverdieping, slaapverdieping, zolder en tuin. Dat is wat de mensen nu eenmaal graag willen volgens MVRDV. Deze terugkeer naar de standaard kan ook gezien worden als een commentaar op de dolgedraaide experimenteerdrang onder architecten in de jaren negentig. De ontwerpers gingen soms zo ver in hun acties ter 'bevrijding van de woningplattegrond', dat het ten koste ging van de bewoonbaarheid. De vraag is of er nog valt te wonen in een grondgebonden woning over vijf verdiepingen.

Het rijtjeshuis is de universele woning van de gewone man. Maar de manier waarop de

Analysis

As regards the housing type, the designers also followed the recommendations of the other parties and subsequently gave it their very own twist. Urban designer Frits Palmboom demanded a basic shape of two layers with a rooftop unit. The developers attached stringent conditions regarding content, surface area and grid lines. The designers embraced the standard to the letter: the archetypal shape of the terraced house with a lower and upper floor, loft and garden. This is precisely what people want according to MVRDV. This return to the standard can also be seen as a commentary on the excessive craving among architects in the nineties to experiment. They sometimes went so far in their endeavours as to 'liberate the house plan' at the expense of habitability. The question still remains: can you live in a house with access at ground level over five stores?

The terraced house is the universal home of the common man. But the way in which the designers use it on Hageneiland immediately turns the idea of a standard neighbourhood with terraced houses upside down. It is

ontwerpers het op Hageneiland gebruiken, zet onmiddellijk het idee van de standaardbuurt met rijtjeswoningen weer op zijn kop. Juist de uitgekiende combinatie van de geboden vrijheid in de verkaveling met een uitgesproken materialisering maakt dat er een bijzonder woonmilieu kon ontstaan. Om te beginnen werd het huismateriaal in verschillende stukjes geknipt en over het eiland uitgestrooid, afwisselend voor, achter of midden op de kavels. Dit levert de basis voor een luchtig volkstuinachtig milieu met vele doorkijkjes. Een hiërarchie of zwaartepunt valt nauwelijks te ontdekken. Hier is geen sprake van een bevrijding van de woningplattegrond maar van het stedenbouwkundig plan.

De uiteindelijke plaatsing van de blokken en verdeling van kleuren en materialen vormen de uitkomst van verschillende afwegingen. Gebruikelijk bij MVRDV is dat aan de projecten van het bureau tientallen werkmodellen, 3-D-studies en computersimulaties ten grondslag liggen. Dit project is in dat opzicht een buitenbeentje. Het is, zegt Renske van der Stoep, bijna geheel in 2-D tot stand gekomen, omdat het programma al zo vastlag. 'Eerst hebben we de structuur

gemaakt met de doorgaande paden in de lengte en de doodlopende dwarspaden. Toen kwam de verkaveling met daarin de plaatsing van de blokken. Een van de regels die we daarbij hanteerden, was dat ze zo veel mogelijk moesten verspringen. Ook wilden we geen blokken maken met meer dan acht woningen. Tegelijk weet je dat elke knip weer extra kopgevels met zich meebrengt en dus extra kosten. Een ander gegeven was dat de opdrachtgever liever dakpannen heeft dan golfplaat of polyurethaan, want dat ligt nu eenmaal minder goed in de markt. Maar wij hielden dan weer het beeld in de gaten om te zorgen dat de kleuren en materialen zo goed mogelijk werden verdeeld.'

Het plan heeft de critici ernstig verdeeld. Zo werd het de ene keer nog monotoner genoemd dan de al zo monotone Vinex-wijken. Of men werd juist aangenaam getroffen door dit kleurrijke veldboeket te midden van de Vinex-monotonie. Architectuurcriticus Bernard Hulsman sprak van een schijnvertoning: achter de ongewone gevels zitten volgens hem buitengewoon banale huisjes. De toepassing van deze 'omhulde standaardvorm' is echter meer dan louter

precisely the cunning combination of the freedom offered in the parcelisation with a distinct materialisation that resulted in an exceptional residential climate. For a start the house material was cut into various pieces and scattered across the island, alternating in front of, behind or in the middle of the plots. This creates the basis for an airy allotment-like environment with many views. There is barely a trace of a hierarchy or focal point. This is not the liberation of the house plan but the liberation of urban planning. The final positioning of the blocks and the distribution of colours and materials forms the final outcome of the various considerations. As is customary at MVRDV, the projects by this firm of architects are based on scores of work models, 3-D studies and computer simulations. This project forms an exception in this respect. According to Renske van der Stoep it was almost totally created in 2-D, because the schedule of requirements was so rigid. 'We first created the structure with the through paths along its length and the dead-end cross paths. Then came the parcelisation within which the blocks were situated. One of the stipulations

that we applied was that they should be staggered as far as possible. Also, we did not want to design blocks of more than eight houses. At the same time you know that each cut creates an extra end wall with the attendant extra costs. Another factor was that the client preferred roof tiles to corrugated sheeting or polyurethane, because this does not keep its value so well on the market. But we then kept watch on the architectural whole to ensure that the colours and materials were divided as optimally as possible'.

The plan has seriously divided the critics. Some said it was more monotonous than the oh so monotonous Vinex locations. Others were pleasantly surprised by the colourful bouquet of flowers in the midst of the Vinex monotony. Architecture critic Bernard Hulsman spoke of a hoax: behind the unusual facades according to him are extraordinarily banal houses. The application of this 'veiled standard shape' is, however, more than just a gimmick. For the outsider it gives the area as a whole a distinct identity. For the residents the differences in colour and materials are precisely the bases of identity.

gimmick. Voor de buitenstaander geeft het de buurt als geheel een uitgesproken identiteit. Voor de bewoners zijn de verschillen in kleur en materiaal juist aanknopingspunten voor identiteit. Mensen die voor plastic kiezen, zijn anders dan mensen die voor dakpannen kiezen. Eenmaal tussen de huizenblokken verschuift het perspectief. Doordat ze tot louter vorm zijn teruggebracht, worden ze decor van het (buiten)leven. De aandacht verschuift vanzelf van het interieur van de woning naar het interieur van de buurt. En net als in de woning heeft de bewoner het daar meer voor het zeggen dan de ontwerper. De ontwerper geeft daarmee ook aan dat hij de soms uitbundige toevoegingen van de bewoners niet ziet als een aantasting maar juist als een versterking van het geheel.

De bewoners worden uitgenodigd datgene wat ruimtelijk is opgezet als een buurt ook in sociale zin waar te maken. Bijvoorbeeld door een collectief geregeld beheer van de hagen. Maar vooral toch als een typisch Hollands beeld van collectief individualisme: iedereen is vooral in het weekend druk in de weer met klussen en doe-het-zelven in en om het huis.

Dit ideaal van de buurt staat op het eerste gezicht haaks op de door sociologen gesignaleerde trend dat de bewoner van de nieuwe buitenwijk zijn aandacht verdeelt tussen zijn woning en de betekenisvolle plekken in het stedelijk veld. Aangezien mobiliteit en selectiviteit hierbij doorslaggevend zijn, zou de betekenis van de buurt of de wijk verbleken. Maar onderzoeker Ivan Nio beschouwt als grootste paradox van de netwerkstad dat er naast een schaalvergroting een schaalverkleining optreedt. Woonerven, kashba's en collectieve woongebouwen komen tegemoet aan nieuwe sociaal-culturele behoeften. De netwerkstad zou dus het ontstaan van levendige gemeenschappen met een sterke binding met de plek ook weer in de hand werken. Voorwaarde is wel volgens Nio dat dergelijke gemeenschappen van onderop groeien en niet van bovenaf worden opgelegd. Op Hageneiland werd gezocht naar een compromis van een topdown- en bottom-up benadering, het ontwerp en het leven. De verwachting is dat daar waar de twee bewegingen elkaar ontmoeten, het zal gaan bruisen.

Analysis

People who opt for plastic differ from those who opt for roof tiles. From in among the block of houses, the perspective changes. By reducing them to mere shape they become the decor of outside life. Attention naturally shifts from the interior of the home to the interior of the area. And just like in the home, the resident has a bigger say than the designer. The designer also indicates that he sees the sometimes exuberant additions by the residents not as encroachment on – but as a reinforcement of – the whole. The residents are invited to do justice to what has been spatially designed as a neighbourhood but also in a social sense. For example, through the collectively-organised management of the hedging. But especially in the typical Dutch image of collective individualism: everyone bustling around – especially in the weekend – doing odd jobs and DIY in and around the house.

This ideal of the neighbourhood is at first sight totally at odds with the trend observed by sociologists that the resident of the new suburb divides his attention between his home and significant locations in the urban field. Given that mobility and selectivity are decisive factors in this context, the significance of the neighbourhood or district would fade away. But researcher Ivan Nio sees the greatest paradox of the network city as an increase in scale coupled with a decrease in scale. Home zones, kasbahs and collective residential blocks meet with new socio-cultural needs. The network city should encourage the development of lively communities with strong ties with the location. One prerequisite for this according to Nio is that such communities grow from the grass roots and are not imposed from above. On Hageneiland a compromise is being sought for a top-down and bottom-up approach, the design and living aspects. The expectation is that where the two movements meet exciting things will start to happen.

<u>Mechthild Stuhlmacher en Rien Korteknie</u> zijn de oprichters van de Parasite Foundation (1999) en van KSAR (Korteknie en Stuhlmacher Architecten, 2000). Ze studeerden beiden aan de Technische Universiteit Delft. Na hun studies waren Korteknie en Stuhlmacher tussen 1992 en 1999 werkzaam bij verschillende bureaus in Rotterdam, Amsterdam en Londen, waaronder Mecanoo, David Chipperfield Architects, Atelier Zeinstra van der Pol, Maccreanor Lavington Architects, DKV en De Nijl Architecten. Beiden zijn docent aan de Technische Universiteit Delft en werkzaam voor hun eigen bureau, dat zich interesseert voor onderzoeks-, ontwerp- en curatorenwerk over tijdelijke architectuur. Korteknie en Stuhlmacher werden genomineerd voor Parasite Las Palmas (eerste uitgevoerde project), de Nederlandse Houtprijs 2001, de Hout Innovatieprijs 2001 en de Mies van der Rohe Award 2002. Momenteel werken ze aan een roeiclub in Amsterdam, een woonhuis in Rotterdam en een pannenkoekenhuis in Hoogvliet.

Het architectenbureau <u>MVRDV</u> werd opgericht in 1991 door Winy Maas, Jacob van Rijs en Nathalie de Vries. Na tien jaar architectuurpraktijk is dit Rotterdamse bureau uitgegroeid tot een begrip in Nederland en ver daarbuiten. Met experimentele onderzoeksprojecten en in het oog springende architectuur, wist MVRDV een positie te verwerven in de internationale architectuurwereld. Tot hun bekendste projecten behoren de WoZoCo-seniorenwoningen in Amsterdam, Villa VPRO in Hilversum, het paviljoen voor de wereldtentoonstelling in Hannover en de recent opgeleverde Silodam in Amsterdam. Bovendien werkt MVRDV aan experimentele onderzoeksprojecten zoals Farmax, Metacity – Datatown, Pigcity en Costa Iberica. Hun architectuur- en onderzoeksprojecten zijn wereldwijd gepubliceerd; tot hun meest recente publicaties behoren *El Croquis stacking and layering* en *A+U MVRDV files, projects 002-209.*

Biografie

<u>Mechthild Stuhlmacher and Rien Korteknie</u> are founding members of the Parasite Foundation (1999) and the Rotterdam based office KSAR, Korteknie Stuhlmacher Architects. Both graduated in 1992 from the University of Technology in Delft. Korteknie and Stuhlmacher worked during 1992 and 1999 at different architecture practices, such as Mecanoo, David Chipperfield Architects, Atelier Zeinstra van der Pol, Maccreanor Lavington Architects, DKV and De Nijl Architecten. Both are teaching at the University of Technology in Delft and they are running their own architectural office, that is interested in research, design and curatorial work on temporary architecture. Korteknie and Stuhlmacher were nominated for the Parasite Las Palmas (first realised building), the Dutch Timber Award 2001, Dutch Timber Innovation Award 2001 and the Mies van der Rohe Award 2002. Currently they are working on a rowing club in Amsterdam, a private dwelling in Rotterdam, and a pancakerestaurant in Hoogvliet.

<u>MVRDV</u> is the architectural practice set up in 1991 by Winy Maas, Jacob van Rijs and Nathalie de Vries. This Rotterdam based office has grown during the past ten years into a household name in the Netherlands and far beyond. MVRDV's most known projects are the WoZoCo old-age housing in Amsterdam, Villa VPRO in Hilversum, the World Expo 2000 pavilion in Hanover and the recently completed housing complex Silodam in Amsterdam. MVRDV also engages in experimental research projects such as FARMAX, Metacity/Datatown, Pig City and Costa Iberica. Their architecture and research projects have been the subject of many publications, amongst which the most recent ones are *El Croquis stacking and layering* and *A+U MVRDV files, projects 002-209.*

NL Architects is in 1997 opgericht door Pieter Bannenberg, Walter van Dijk, Kamiel Klaasse and Mark Linnemann, de huidige vier partners. Zij werken echter al samen sinds het begin van de jaren negentig. Aangezien zij in Amsterdam woonden en in Delft studeerden, zijn ze begonnen als 'carpoolbureau'. Hun eerste kantoor was een metallic-blauwe Ford Escort *station*. Ze beschouwen zichzelf in die zin als autodidact: de terugkerende fascinatie met mobiliteit en asfalt is terug te voeren op hun 'opleiding' op de snelweg. De bumpersticker als logo is dan ook goed te begrijpen; de punt vóór NL geeft aan dat ze ook weg zijn van de digitale snelweg. Buiten de partners heeft het bureau een wisselende bezetting van zes tot tien medewerkers en stagiaires afkomstig uit vele buitenlanden. Recentelijk is hun eerste boek verschenen bij Uitgeverij 010: *.NL 98 99 00*

René van Zuuk (1962) studeerde Bouwproduktietechniek aan de Technische Universiteit Eindhoven. Na zijn studie werkte hij zowel in Londen als Chicago voor Skidmore, Owings & Merrill (1988-1989). In 1989 won hij de prijsvraag 'Ongewoon Wonen II' te Almere. Na realisatie van dit project, het eigen woonhuis Psyche, vestigde hij zich in 1993 als zelfstandig architect in Almere. De afgelopen jaren heeft het bureau een grote verscheidenheid aan projecten gerealiseerd. Zo werd er in 1995 het bedieningsgebouw Oostersluis en Villa van Diepen gebouwd, in 1996 een tribune en clubhuis voor Ajax, in 1997 een stadsboerderij in Utrecht 'de Griftsteede' en in 2000 het kunstwerk 'de Wulp' in Ommen. In 2003 worden het architectuurcentrum in Amsterdam, een brug en een spectaculair woningbouwproject in Almere opgeleverd. In de afgelopen jaren heeft René van Zuuk met zijn projecten verscheidene prijzen gekregen. Zo kreeg hij in 1986 een eervolle vermelding met de Archiprix en won hij in 1995 de Charlotte Kohlerprijs en won villa van Diepen de Architectuurprijs van Almere en de tribune van Ajax de Nationale Staalprijs.

VMX Architects is in 1995 opgericht en heeft twee partners: Don Murphy, architect, en Leon Teunissen, bureauleider. Projecten worden op basis van gegeven situaties ontworpen, hetgeen zowel op economische en culturele randvoorwaarden betrekking heeft als op praktische overwegingen als functie, programma, budget en locatie. Het winnen van de Europan 3 in Den Bosch in 1994 vormde de directe aanleiding voor de oprichting van het bureau. Sindsdien zijn diverse projecten gerealiseerd, waaronder woningen, een hotel, een school, een fietsenstalling en een tafel. Er wordt gewerkt aan onder meer een psychiatrisch ziekenhuis, een kantoor voor Rijkswaterstaat en een paviljoen. Binnen VMX Architects is een team van ruim vijftien personen samengebracht dat het gehele ontwerpproces tot en met de realisatie aankan.

Biography

NL Architects is an Amsterdam based office. The four principals, Pieter Bannenberg, Walter van Dijk, Kamiel Klaasse and Mark Linnemann, officially opened practice in January 1997, but have shared workspace already since the early nineties. All were educated at Delft University while living in Amsterdam. NL's 'commuting' office started while carpooling between these cities (in that sense the principals like to think of themselves as autodidactic; the recurrent fascination with mobility and tarmac perhaps could be traced back to being 'educated' on the highway). Often projects focus on ordinary aspects of everyday life, including the unappreciated or negative, that are enhanced or twisted in order to bring to the fore the unexpected potential of the things that surround us. NL Architects currently employs an international staff of six to ten people. Recently their first book was published by 010 Publishers: *NL 98 99 00*

René van Zuuk (1962) studied building technology on the Technical University of Eindhoven. After his Master degree he worked at Skidmore Owings & Merril (SOM) in Chicago and London (1988-1989). In 1989 he built his own house 'Psyche' in Almere after he won a design competition 'extraordinary living'. In 1993 he started his office in Almere and built several projects: In 1995 he realised a lock house in Oostersluis and villa 'van Diepen', in 1996 a tribune and clubhouse, for the football club Ajax, in 1997 a 'city farm' in Utrecht and in 2000 an art work named 'de Wulp' in Ommen. In 2003 the architectural institute in Amsterdam, a spectacular bridge and a apartment building in Almere will be realised. During the last few years René van Zuuk won several awards: In 1986 he won the honourable mention for the Archiprix, in 1995 de Charlotte Kohler award. Villa 'van Diepen' won the architecture award of Almere and the tribune of Ajax the national steel award.

VMX Architects has been founded in 1995 and consists of two partners, Don Murphy, architect, and Leon Teunissen, office manager. Projects are designed on the basis of the given situation, which means economic and cultural conditions as well as such practical considerations as function, program, budget and location. The winning of the Europan 3 in Den Bosch was the actual reason to set up the office. Several projects are completed, among which housing, a hotel, school, bicycle storage and a table. Current projects are a psychiatric hospital, office for Rijkswaterstaat and a pavilion. Within VMX Architects a team of 15 people has been brought together that can handle every aspect of the design process through realisation.

Credits

Parasite Las Palmas, Rotterdam
Parasite Las Palmas, Rotterdam
    Korteknie Stuhlmacher
    Architecten/Architects
Idee en ontwerp
Idea and Design
    Mechthild Stuhlmacher en Rien
    Korteknie met/with Iris Pennock,
    Marijn Mees
Houten prefabconstructie
Timber prefab structure
    Merk Holzbau, Aichach, Duits-
    land/Germany
Constructeur
Structural Engineer
    Gerhard Jacobs, Rainer Maderholz
Aannemer
Contractor
    Jasper Kerkhofs, Hendrik Ido
    Ambacht i.s.m./in collaboration
    with Christian Dörschug, München
Kunstenaar
Artist
    Jozef van Rossum

119 woningen Hageneiland, Ypenburg
119 Houses Hagen Island, Ypenburg
    MVRDV
Wedstrijdontwerp
Competition Design
    Winy Maas, Jacob van Rijs,
    Nathalie de Vries, met Tom Mossel,
    Carolien Ligtenberg, Christelle
    Gualdi
Voorontwerp
Preliminary Design
    Winy Maas, Jacob van Rijs,
    Nathalie de Vries met/with Renske
    van der Stoep, Bart Spee, Tom
    Mossel, Frans de Witte
Bouwadvies
Building Advisors
    Bureau Bouwkunde, Rotterdam
    Structuur: ABT, Delft

Pilotshop Mandarina Duck, Parijs
Pilotshop Mandarina Duck, Paris
    NL Architects
    Pieter Bannenberg, Walter van Dijk,
    Kamiel Klaasse, Mark Linnemann
Medewerkers
Collaborators
    Caro Baumann, Bernd Druffel,
    Kirsten Huesig, Afaina de Jong,
    Rolf Touzimsky
Externe medewerker
External collaborator
    Stijn Roodnat
Architect op locatie
Architect on site
    Antonio Virga

Kunstpaviljoen De Verbeelding, Zeewolde
Art Pavilion 'De Verbeelding', Zeewolde
    René van Zuuk Architekten/Architects
Aannemer
Contractor
    Kingma bouw bv
Constructeur
Structural Engineer
    Advies en Ingenieursbureau van
    der Laar
Landschapsarchitect
Landscape Architect
    TKA Teun Koolhaas Associates

Tijdelijke fietsenstalling, Amsterdam
Temporary Bicycle Shed, Amsterdam
    VMX Architects
    Don Murphy (architect),
    Leon Teunissen (projectleiding/
    projectleading), Michael Kloos

After

Janny Rodermond

After

Next

De vraag naar de toegevoegde waarde van architectuur komt in elk tijdvak opnieuw aan de orde. Nu zowel op politiek als economisch terrein grote onzekerheid heerst over de te volgen koers, ontkomt de ontwerpende discipline er niet aan haar impact op stad en samenleving te overdenken. Internationale culturele manifestaties als de Documenta in Kassel en de Biennale in Venetië kunnen fungeren als kristallisatiepunten voor dergelijke disciplinaire denkoefeningen. Voor de Documenta van 2002 bracht curator Okwui Enwezor kritische kunst en kennis uit alle werelddelen bijeen. Dergelijke uitwisselingen zijn volgens hem noodzakelijk om de turbulente culturele, sociale en politieke veranderingen waarmee de wereld momenteel kampt te documenteren en inzichtelijk te maken. Enwezor stelt dat het niet langer mogelijk is om de gevolgen van globalisering van een afstand te beschouwen.[1] Hij ziet de aanslag op het World Trade Center als een metafoor voor het fenomeen dat voorheen marginale groepen zich meer en meer manifesteren in het centrum van de westerse cultuur en economie en daar een plaats voor zichzelf opeisen. Als gevolg

hiervan leven we volgens hem momenteel in het postkoloniale tijdperk. Het postmodernisme kenmerkte zich doordat het alle historische ideologieën relativeerde. In het postkoloniale tijdperk ontwikkelt zich echter een nieuwe ethiek, die noodzaakt tot een herziening van de geschiedenis als zodanig. Uiteraard met name om de beperkingen van de eenzijdig westerse visie te verbreden. In dit kader ziet hij opnieuw een rol weg gelegd voor een avantgarde. Deze kenmerkte zich in de vorige eeuw doordat ze in staat was te anticiperen op een veranderende maatschappelijke orde. De nieuwe avant-garde presenteert volgens Enwezor geen nieuwe orde, maar beschouwt tijdelijkheid en plaatsloosheid als de belangrijkste dragers van continue onzekerheid, instabiliteit en onveiligheid. Daarbij is het onontkoombaar om de wisselwerking tussen cultuur, politiek en economie te onderzoeken en de invloed van het globale kapitalisme op deze sectoren in beeld te brengen.

Deze ingrijpende verandering van perspectief vraagt volgens Enwezor op allerlei gebieden om nieuwe modellen. Veel vraagstukken

Next

The question regarding the added value of architecture is reopened in every era. Now that great uncertainty exists regarding the direction to be taken, both in a political and economic sphere, the design discipline cannot escape contemplating its impact on the city and society. International cultural manifestations like the Documenta in Kassel and the Biennale in Venice can function as crystallisation points for such disciplinary mental reflection. For the Documenta held in 2002 curator Okwui Enwezor brought together critical art and erudition from all corners of the globe. He believes such exchanges are necessary to document and provide insight into the turbulent cultural, social and political changes that the world currently has to contend with. Enwezor says that it is no longer possible to view the consequences of globalisation from a distance.[1] He sees the attack on the World Trade Center as a metaphor for the phenomenon whereby former marginal groups manifest themselves more and more from within the centre of the western culture and economy and demand a place for themselves there. As a result of this we presently

live in a post-colonial era. Post-modernism was characterised by putting all historical ideologies into perspective. In the post-colonial era, however, new ethics develop that necessitate a revision of history as such. Naturally with a view to broadening the limitations of the one-sided western vision. As a part of this he once again sees a role reserved for an avant-garde. In the previous century this was characterised by being able to anticipate a changing social order. According to Enwezor, the new avantgarde does not present a new order, but views impermanence and displacement as the most important carriers of ceaseless uncertainty, instability and insecurity. This inevitably leads to examining the correlation between culture, politics and the economy and to surveying the influence of global capitalism on these sectors.

According to Enwezor this radical change in perspective demands new models in a whole range of areas. Many issues relate to the growth and transformation of towns and cities under the influence of global, economic processes. This is pre-eminently the domain of architects and urban designers. These people,

hebben betrekking op de groei en transformatie van steden onder invloed van globale, economische processen. Dat is bij uitstek het werkterrein van architecten en stedenbouwers. Deze waren echter op de Documenta nauwelijks vertegenwoordigd. Met het thema 'Next' leek deze omissie ruimschoots goed gemaakt te kunnen worden tijdens de architectuurbiënnale afgelopen zomer in Venetië. Curator Deyan Sudjic koos echter voor een beperkte invalshoek en concentreerde de hoofdtentoonstelling op het verzamelen van gebouwen die mogelijk zouden kunnen uitgroeien tot het Guggenheim van het komende decennium. Daarmee ging hij volledig voorbij aan de veranderingen die wereldwijd optreden in het cultuurpolitieke en economische krachtenveld. De Biennale leunde sterk op architectonische oeuvres die in de jaren tachtig van de vorige eeuw opkwamen. Deze worden gekenmerkt door vernieuwing van het architectonische vormvocabulaire. Met hun onderscheidende architectuurtaal bedienen deze architecten opdrachtgevers die een architectonisch logo willen realiseren. In dit opzicht had de Biennale veel weg van een beurs waarop globaal opererende opdrachtgevers hun nieuwste aanwinsten groots konden presenteren. Daarmee leek Sudjic zich op te stellen als behartiger van de belangen van een specifieke architectuurselectie, in plaats van als een curator die probeert de hedendaagse wisselwerking tussen de architectonische discipline en de condities waartoe ze zich verhoudt in beeld te brengen.

'Next' is dan ook eerder de laatste biënnale van de vorige eeuw dan de eerste van het nieuwe millennium. Ze vormt het slotakkoord van een architectuuropvatting die samenhangt met de esthetisering van het wereldbeeld. Consequentie van een dergelijke opstelling is dat de architectuur zich meer en meer plaatst in een marginale positie ten opzichte van de samenleving. De druk om architecten te behandelen als decorateurs van de markteconomie komt niet alleen van buitenaf. Architecten gingen zich, in het verlengde van de trend tot individualisering, tijdens het postmodernisme richten op de productie van verleidelijke gebouwen en stadsbeelden. Zo werd de architectuur bruikbaar als marketinginstrument. Ze levert een bijdrage

After

however, were scantily represented at the Documenta. It seemed as if the theme 'Next' would more than compensate for this omission during the architecture biennale held last summer in Venice. However, curator Deyan Sudjic opted for a limited approach and focused the main exhibition on a collection of buildings that might develop into the Guggenheim of the coming decade. In doing so he totally ignored the changes that are occurring worldwide in cultural policy and economic fields of influence. The Biennale leaned strongly on architectural oeuvres that sprang up in the nineteen eighties. These are distinguished by the renewal of architectural design vocabulary. With their distinctive architectural language these architects help clients wishing to create an architectural logo. In this respect the Biennale closely resembled a trade fair at which clients operating on a global scale could make a big show of their latest acquisitions. As such, Sudjic appeared to be adopting the role of a promoter of a specific architectural selection, instead of that of a curator endeavouring to portray the contemporary interaction between the architectural discipline and the conditions to which it relates.

'Next' is more the last biennale of the previous century rather than the first of the new millennium. It forms a final chord in an architectural interpretation that is linked with the aestheticisation of the world view. The consequence of such a position is that it places architecture more and more in a marginal position with regard to society. The pressure on architects to act as decorators of the market economy, comes not only from outside. Following on from the trend towards individualisation, during the post-modernist period, architects concentrated on the production of tempting buildings and cityscapes. In this way architecture became deployable as a marketing instrument. It makes a contribution to the corporate image of enterprises and to citybranding. Besides, the realisation of a fantasised past can be just as effective as the representation of a dreamed future. In both cases the architecture forms part of the systematics of the temptation. Moreover, designers possibly lose sight of the reality of urban processes and of the socio-

aan het *corporate image* van bedrijven en aan *city branding*. Daarbij kan het realiseren van een gefantaseerd verleden even effectief zijn als het verbeelden van een gedroomde toekomst. In beide gevallen maakt de architectuur deel uit van de systematiek van de verleiding. Ontwerpers raken daarbij mogelijk het zicht kwijt op de realiteit van stedelijke processen en op de maatschappelijk-economische context waarin ze zelf opereren. Dat geldt ook voor de Nederlandse situatie. Een bloeiende economie en een florerende opdrachtenmarkt produceren niet vanzelfsprekend een vruchtbare voedingsbodem voor een kritische ontwerpdiscipline. Nederland heeft in de jaren negentig furore gemaakt met het poldermodel, waarin op basis van consensus en pragmatisme werd bestuurd. Architecten kregen de rol toebedeeld van conceptontwikkelaars die geacht werden in deze processen tegengestelde belangen te kunnen oplossen in inventieve ontwerpen. De betrokkenheid van ontwerpers bij deze processen heeft de productie van innovatieve ontwerpstudies gestimuleerd. Tegelijkertijd verdween de noodzaak om urgente ruimtelijke

opgaven vanuit de ontwerpende disciplines zelf aan de orde te stellen op de achtergrond.

Hollands regionalisme
Internationaal staat Nederland hoog aangeschreven in de architectuurwereld. De culturele infrastructuur die de belangstelling voor architectuur aanwakkert is uniek. Er is in allerlei geledingen van de maatschappij een grotere betrokkenheid bij de transformaties in stad en landschap. Dit brengt echter niet automatisch kwalitatief hoogwaardige gebouwen voort. Het stimuleren van architectuur vindt immers grotendeels plaats binnen het kader van de cultuur. Bij het realiseren van ontwerpen is de culturele impact echter meestal ondergeschikt aan politieke en economische factoren. Zeker in Nederland, waar het neoliberalisme het laatste decennium z'n sporen heeft achtergelaten in de ruimtelijke ordening. Het afschaffen van de overheidszorg voor de volkshuisvesting, halverwege de jaren negentig, is bijvoorbeeld van enorme invloed op de samenstelling en de kwaliteit van de recente woningbouw. Momenteel werken bij stedelijke vernieuwingsprojec-

Next

economic context in which they themselves operate. This also applies to the Dutch situation. A prosperous economy and a flourishing assignment market do not necessarily produce a fertile medium for critical discipline in the field of design. In the nineties the Netherlands created a furore with the 'Polder model', government on the basis of consensus and pragmatism. Architects were allotted the role of concept developers who were expected to solve the opposing interests in these processes with inventive designs. The commitment of designers to these processes has stimulated the production of innovative design studies. Simultaneously, the need to address urgent spatial issues, emanating from the designing disciplines themselves, faded into the background.

Dutch Regionalism
Internationally, the Netherlands is highly thought of in the world of architecture. The cultural infrastructure that interest in architecture arouses is unique. In all sections of society there is a great engagement with the transfor-

mations in town and landscape. This does not, however, automatically generate qualitatively high-grade buildings. After all, the stimulation of architecture takes place to a large extent within the framework of the culture. When designs are realised the cultural impact, however, is generally subordinate to political and economic factors. Certainly in the Netherlands where, in the past decade, neo-liberalism has left its mark on spatial planning. The repeal of government control of public housing in the mid-nineties has had an enormous influence on the composition and the quality of recent house building. Currently, market parties and local authorities are increasingly collaborating on urban regeneration projects. But optimum alliances, which do justice to the requirements of the market as well as to the local democratic decision process, have hardly, as yet, been crystallised.

The NAI did not yield to the temptation to come to the Biennale in Venice with a series of delightful and spectacular design studies, of which there is an abundance available. Aaron Betsky's decision to present five completed

ten marktpartijen en lokale overheden steeds vaker met elkaar samen. Maar optimale samenwerkingsverbanden, die zowel recht doen aan de vereisten van de markt als aan de lokale democratische besluitvorming, zijn nog nauwelijks uitgekristalliseerd.

Het NAi is niet gezwicht voor de verleiding om op de Biennale in Venetië te komen met een reeks oogstrelende en spectaculaire ontwerpstudies, die immers ruimschoots voorhanden zijn. De keuze van Aaron Betsky om vijf gerealiseerde gebouwen te presenteren van jonge architecten heeft zwaarwegende implicaties voor de nieuwswaarde en het experimentele gehalte van de projecten. Immers de conceptie van de 'Fresh Facts' ligt vaak al enkele jaren achter ons. Er is dan ook geen sprake van een verrassingseffect, dat voldoet aan de door het woord 'next' opgeroepen verwachtingen. De opzet van 'Fresh Facts' is gebaseerd op de veronderstelling dat jonge architecten in Nederland meer gelegenheid krijgen om te bouwen dan elders. Het hoge aantal inzendingen, waarvan 'Fresh Facts' de vijf laureaten presenteert, bevestigt dit. Voor een culturele

buildings by young architects has weighty implications for the newsworthiness and the experimental content of the projects. Indeed, 'Fresh Facts' was conceived several years ago. There is therefore no question of a surprise effect that satisfies the expectations evoked by the word NEXT. The intention of Fresh Facts is based on the assumption that young architects in the Netherlands are given more opportunity to build than elsewhere. The large number of entries confirms this. For a cultural manifestation, however, the quality is more important than the quantity of the creations: to what extent are the views of the youngest generation of these buildings open to interpretation and what is their frame of reference? Generally speaking, the projects distinguish themselves at the very most through the limited scale of the average building volume. The buildings do not appear spectacularly innovative. The urban residential block by KoerstraVanGelderenArchitecten, for example, is barely conspicuous because of the austere imagery. But it is an exponent of the typically Dutch trend to combine urban collectivism at block level with a

manifestatie is echter niet zozeer de kwantiteit, maar vooral de kwaliteit van de creaties van belang: in hoeverre zijn de opvattingen van de jongste generatie van deze gebouwen afleesbaar en waarop hebben ze betrekking? In grote lijnen onderscheiden de ingezonden projecten zich hooguit door de geringe omvang van de gemiddelde bouwproductie. De gebouwen ogen niet spectaculair vernieuwend. Het stedelijke woonblok van KoerstraVanGelderenArchitecten bijvoorbeeld, valt door de sobere beeldtaal nauwelijks op. Wel is het een exponent van de typisch Nederlandse trend om

Woonblok / Residential block, KoenstraVanGelderenArchitecten

After

Tentoonstellingspaviljoen / Exhibition pavilion, Kempe Thill

certain degree of individuality at housing level. Nor did the modest exhibition pavilion, submitted by Atelier Kempe Thill, reach the third round. Yet it is an exceptional project because it comprises a clear statement concerning contemporary architectural culture. Kempe Thill observes in the contemporary building output that a semblance of craftsmanship should conceal the fact that the building is no more than a brutal sampling of standard catalogue products. Their design for a temporary pavilion is composed of white, translucent beer crates, a simple mass product of the global culture. Be

stedelijke collectiviteit op het niveau van het blok te combineren met een zekere mate van individualiteit op het niveau van de woning. Het bescheiden tentoonstellingspaviljoen ingezonden door Atelier Kempe Thill haalde evenmin de derde ronde. Toch is dit een uitzonderlijk project, omdat het een duidelijk statement omvat betreffende de hedendaagse architectonische cultuur. Kempe Thill constateert dat in de hedendaagse bouwproductie een schijn van vakmanschap moet verbergen dat het gebouw niet meer is dan een brutale *sampling* van standaardcatalogusproducten. Hun ontwerp voor een tijdelijk paviljoen is opgebouwd uit witte, translucente bierkratten, een simpel massaproduct van de globale cultuur. Niettemin zijn alle architectonische elementen zodanig ingezet dat ze de massiviteit van het volume versterken. Door de kratten te behandelen als een *objet trouvé* komen onverwachte eigenschappen aan het licht. In de praktijk van Kempe Thill is interesse voor de bouwmethodiek een voorwaarde voor architectonische innovatie.

Vooraf waren er door de jury geen criteria gesteld voor het selecteren van de vijf genomineerde projecten. De inzendingen genereerden als het ware hun eigen criteria, waarbij de preoccupaties van de verschillende juryleden gaandeweg het besluitvormingsproces binnenslopen. De discussies werden beheerst door bekende thema's, waarbij het belang van contextualiteit de boventoon voerde. Daarmee raakte de besluitvorming binnen de jury de hang naar traditionalisme die in Nederland beleidsmatig aangestuurd wordt met behulp van onder meer beeldkwaliteitplannen en welstandsnota's. Jonge ontwerpers met vernieuwende ideeën zijn nogal eens gedwongen om ondergronds te gaan. Ze bestrijden niet de vormvoorschriften, maar proberen deze in een eigen strategie op te nemen. Internationale trends gericht op een optimale expressie van de huid blijken goed samen te gaan met voorschriften betreffende de beeldkwaliteit van een regionale architectuur. De multifunctionele houten schuur die Onix realiseerde in Noord-Drenthe viel de jury op vanwege het veronderstelde pure, regionalistische karakter. In feite komt de vorm voort uit een pragmatische mix van lokale bouwvoorschriften en een trendy

Next

Multifunctionele houten schuur /
Multifunctional timber barn, Onix

that as it may, all the architectural elements have been deployed in such a way that they reinforce the massive volume. By treating the crates as an *objet trouvé*, unexpected properties come to light. In real life, according to Kempe Thill, interest in building methodology is a prerequisite for architectural innovation.

The jury did not stipulate any criteria in advance for the selection of the five nominated projects. The entries generated their own criteria, as it were, whereby the preoccupations of the various jury members gradually influenced the decision-making process. The discussions were governed by familiar themes, whereby the importance of contextualism monopolised the debate. The decision process within the jury touched on the predilection for traditionalism, which in the Netherlands is steered by policy measures with the help of image quality plans and policy documents on building aesthetics. Young designers with innovatory ideas are fairly often forced to go underground. They choose not to challenge the rules of design, but endeavour to include them in their own strategy. International trends focusing on the optimum expression of the skin appear to go well with regulations governing the image quality of a regional architecture. The multifunctional timber barn that Onix realised in Noord Drenthe attracted the jury's attention because of its supposed pure, regional character. In fact the form derives from a pragmatic mix of local building regulations and a trendy façade. The skin is pulled taut around the construction in order to reinforce the material expression. The question of how the form is related to the multifunctional programme disappears behind the romantic image. This image appeals to nostal-

gevelbehandeling. De huid is strak om de constructie getrokken om de materiaalexpressie te versterken. De vraag op welke wijze de vorm verband houdt met het multifunctionele programma verdwijnt achter het romantische beeld. Dit beeld doet een beroep op nostalgische gevoelens die de regionale cultuur kritiekloos aanvaarden als een onschuldig paradijs, onaangetast door de kwade krachten van globale ontwikkelingen. Een soortgelijk, maar veel minder spectaculair uitgewerkt regionalistisch ontwerp van architectenbureau K2 wist deze emoties daarentegen niet los te weken. K2 heeft elders in de regio, in Lemele, vier ouderenwoningen aaneengeschakeld tot een schuurachtig volume dat voldoet aan de plaatselijke bouwvoorschriften ten aanzien van de dakhellingen. Open en gesloten volumes wisselen elkaar op simpele wijze af en organiseren het programma efficiënt. Ook hier houdt de huid het programma bij elkaar en verzoent het traditionalistische volume de inbreuk van het bouwwerk met de landschappelijke setting. Gekozen is voor lokale materialen. Een zekere vervreemding ten opzichte van de traditie is

hier bereikt door deze materialen als een collage over het volume te plakken. Huid en programma staan los van elkaar.

Een veel geraffineerder en tegelijk complexer voorbeeld in dit genre is de door Rob Hootsmans ontworpen gevangenis in Nieuwersluis. Het gebouw maakt deel uit van een beschermd dorpsgezicht en is geplaatst in de uithoek van een krijgskundig monument. Om het prachtige landschap zo veel mogelijk te ontzien, werd gevraagd om de *footprint* te minimaliseren. Dit is echter in strijd met de voorgeschreven beveiligingseisen, die een reeks hekken, tussenruimten en muren van prikkeldraad omvatten. Tegelijkertijd zijn ook in deze context traditionele, schuine dakhellingen voorgeschreven, die zich op het eerste gezicht moeilijk laten rijmen met de typologie van een penitentiaire inrichting. Hootsmans neemt alle voorschriften op in één gebouw, waarvan het gemetselde dak en de kooi rondom het gebouw de grens tussen binnen en buiten vormen. De huid is hier de expressie van de functie en voldoet tegelijk aan alle eisen ten aanzien van veiligheid en schoonheid. Er is

After

Ouderenwoningen / Homes for senior citizens, K2

Gevangenis in Nieuwersluis / Prison in Nieuwersluis, Rob Hootsmans

gic sentiment that the regional culture accepts without question as an innocent paradise, unsullied by the evil forces of global developments. A similar, though far less spectacularly-elaborated regional design by K2 Architects, on the contrary, does not evoke such emotions. Elsewhere in the region, in Lemele, K2 has joined up four homes for senior citizens into a barn-like volume that complies with the local building regulations as regards roof pitches. Open and closed volumes alternate with each other in a simple approach and organise the programme efficiently. Here, too, the skin holds

the programme together and the traditionalistic volume embraces the infringement of the structure with the landscape setting. Local materials were used. A certain alienation is achieved here with regard to tradition by pasting these materials over the volume like a collage. Skin and programme are detached.

A much more refined, and at the same time more complex, example in this genre is the prison in Nieuwersluis designed by Rob Hootsmans. The building is part of a village conservation area and is situated in the far corner of a military monument. In order to spare as much

geen poging gedaan een verleidelijk gebouw te ontwikkelen. Hootsmans' oplossing toont de autonome kracht van het inventieve architectonische ontwerp.

Deze gevangenis in Nieuwersluis confronteerde de jury met de schaduwzijde van de welvaart. Hootsmans' ontwerp illustreert dat ook in Nederland, en zelfs in de feeërieke omgeving van de Vechtstreek, die haar schoonheid ontleent aan de reeks landgoederen die hier door rijke Amsterdamse kooplieden gebouwd zijn tijdens ons koloniale verleden, er een andere wereld nabij is, die nu grotendeels ontkend wordt. Naarmate voorheen marginale groepen meer en meer hun plaats gaan opeisen in de westerse samenleving, nemen de voorzieningen voor uitsluiting in omvang en aantal toe. Het is enigszins ironisch dat deze uitsluiting plaatsvindt in deze setting, waarbij het ontwerp van de gevangenis moet voldoen aan allerlei beperkende voorwaarden om de landschappelijke idylle niet te verstoren en de prijzen van het omringende onroerend goed niet in waarde te doen dalen.

De specifieke belangstelling van enkele juryleden voor regionale stijlkenmerken overschaduwde enigszins de zoektocht naar opgaven die de jonge generatie architecten zouden kunnen bezighouden. Uit de inzendingen kwam ook geen krachtige, eigenzinnig gestelde thematiek naar voren. Slechts hier en daar zijn sporen te vinden van een zoeken naar oplossingen die de eigentijdse programma's accommoderen. De veel gepubliceerde Mandarina Duck Shop in Parijs, ontworpen door NL Architects, is hiervan onmiskenbaar een voorbeeld. Meer verborgen is het programma waar Korteknie Stuhlmacher Architecten aan werkten. Zij onderzochten de mogelijkheden om kleine, mobiele, individuele woningen als parasieten te hechten aan bestaande gebouwen in een grootstedelijke context. Een andere inventieve oplossing voor een typisch probleem in de eigentijdse Hollandse stad is de tijdelijke fietsenstalling die VMX Architects ontwierp nabij Amsterdam CS. Een functionele sculptuur, van waaruit de fietser een prachtig uitzicht heeft over het stadslandschap. Daarentegen neigt de wijze waarop MVRDV de Vinex-opgave geïnterpreteerd heeft in Ypenburg naar eigentijdse

of the splendid landscape as possible the requirement was that the footprint be minimalised. This, however, contravened the prescribed security requirements that comprise a series of gates, interspaces and walls with barbed wire. At the same time, also within this context, traditional, sloping roof pitches are stipulated which, at first glance, are difficult to reconcile with the typology of a penal institution. Hootsmans incorporates all the provisions in one building, its brickwork roof and surrounding cage form the boundary between the internal and external. Here the skin is the expression of the function and it simultaneously complies with all the requirements as regards security and beauty. There has been no attempt to design an attractive building. Hootsmans' solution demonstrates the autonomous force of the inventive architectural design.

This prison in Nieuwersluis confronted the jury with the shadow side of affluence. Hootsmans' design illustrates that also in the Netherlands, even in the enchanting surroundings of the River Vecht that derives its beauty from a series of country estates built here by wealthy merchants from Amsterdam during our colonial past, another world exists close by that is now to a large extent denied. As former marginal groups increasingly demand their place in western society, the provisions for exclusion increase in scale and number. It is somewhat ironic that this exclusion takes place in this setting, where the design of a prison has to comply with a range of restrictive conditions in order not to disrupt the idyllic beauty of the landscape and not to cause the prices of the surrounding real estate to drop.

The specific interest of a number of jury members in regional style characteristics somewhat overshadowed the search for other assignments that could have engaged the new generation of architects. No powerful, strongly individual, postulated themes came to the fore. Only incidental traces of a search for solutions that accommodate contemporary programmes can be detected. The much-publicised Mandarina Duck Shop in Paris, designed by NL Architects, is one unmistakable example of this. More concealed is the programme on which Korteknie Stuhlmacher Architecten worked.

ironie, die gevoed wordt door *flirtations* met het banale. Het cliché van het individuele woonhuis is benadrukt in de bonte materialisering. Dit dringt de experimentele verkaveling, waarin gepoogd is de strikte suburbane grenzen tussen privé en openbaar gebied te wijzigen, op de achtergrond. Qua opgave is eveneens het door René van Zuuk ontworpen paviljoen in Zeewolde traditioneel. Hier ligt de kwaliteit in het veranderen van het kunstmatige, schijnbaar natuurlijke polderlandschap. Vervolgens voegen de twee over elkaar gevouwen vleugels van het paviljoen zich voorbeeldig in de setting van wolken, water en luchten.

Contouren van een nieuwe avant-garde

De oogst aan gebouwen die ingezonden zijn voor deze NAi Prijs ademt over de gehele linie een zekere braafheid. Architectuur is uitstekend geschikt als middel om de wereld harmonieuzer voor te stellen dan ze is. Met de laatste verkiezingen is echter onverbloemd duidelijk geworden dat ook in Nederland verschillende werkelijkheden in alle hevigheid op elkaar botsen.

They examined the possibilities of attaching small, mobile, individual homes – as parasites – onto existing buildings in a metropolitan context. Another inventive solution for a typical problem in a present-day Dutch city is the temporary bicycle facility designed by VMX Architects nearby Amsterdam CS, the city's central railway station. A functional sculpture, from where the cyclist has a splendid view over the cityscape. In contrast the way in which MVRDV has interpreted the Vinex assignment in Ypenburg inclines towards contemporary irony fed by flirtations with the banal. The cliché of the individual dwelling is emphasised in the colourful materialisation. This forces the experimental parcelisation, in which an attempt is made to alter the strict suburban boundaries between private and public areas, into the background. As regards the assignment, the pavilion in Zeewolde designed by René van Zuuk is also traditional. The quality of this design lies in the transformation of the artificial, seemingly natural polder landscape. The two wings of the pavilion folded over each other – fit in perfectly with the setting of clouds, water and sky.

Ontwerpers ontkomen er niet aan zich de vraag te stellen welk beeld van de werkelijkheid zij met hun ontwerpen ondersteunen. Daarbij is het niet afdoende om op pragmatische wijze de acrobatiek van het ontwerpen in alle finesses te beheersen. Indien ontwerpers zich niet verder willen laten marginaliseren in hun rol als esthetisch adviseur, moeten ze aantonen dat ze meer te bieden hebben. De nieuwe generatie architecten zal haar positie op de markt niet kunnen verwerven door het uitvinden van een nog spectaculairder vormvocabulaire. De show van Sudjic heeft laten zien dat de meest experimentele architectonische projecten kunnen uitgroeien tot hebbedingetjes en daarmee hun culturele impact dreigen te verliezen. Naarmate de actieradius van de architectuur toeneemt en ontwerpen van Morphosis, Libeskind of Hadid over de hele wereld verschijnen als winkelcentrum, museum of universiteit, brokkelt de kracht van het waardevolle gedachtegoed dat er oorspronkelijk aan ten grondslag lag steeds verder af. Architectonische concepties rollen als maquettes over de aardbol en komen tot stilstand in een van de bevoorrechte investeringsgebieden.

After

Contours of a New Avant-Garde

The harvest of buildings submitted for this the first NAI Prize are, across the entire board, redolent of a certain respectability. Architecture is an extremely suitable medium for presenting the world to be more harmonious than it is. However, as the last elections have made abundantly clear, in the Netherlands too, differing realities clash with harsh intensity. Designers cannot avoid asking the question of which version of reality they support with their designs. Moreover, it is not sufficient, in a pragmatic approach, to have a thorough command of the finer points of the acrobatics of design. If designers do not want to become further marginalised in their role as aesthetics consultant, they must demonstrate that they have more to offer. The new generation of architects will not be able to earn its place on the market by inventing an even more spectacular design vocabulary. Sudjic's show has shown that highly experimental architectural projects can develop into gadgets and thereby threaten to lose their cultural impact. As architecture's sphere

Een nieuwe generatie zal een ander werkterrein moeten blootleggen dat niet overschaduwd wordt door deze spectaculaire architectuur, die haar wortels heeft in de vorige eeuw. Internationaal ontstaat onder jonge architecten het bewustzijn dat hun orderportefeuille bepaald wordt door het vermogen om een andere verhouding tot de omringende werkelijkheid te bepalen. Dit werd bijvoorbeeld verwoord door een groep jonge Europese architecten die op uitnodiging van de Vlaamse Bouwmeester in het voorjaar van 2002 in Antwerpen bijeenkwam.[2] Een citaat uit het door hen opgestelde manifest:

> 'Europa probeert zich te verenigen. / Architectuur is het hoofdbestanddeel van onze fysieke omgeving. / Architectuur moet toegankelijk zijn voor iedereen. / Desondanks hebben wij architecten de architectuur gemarginaliseerd door onszelf in te graven in een wereld van verheven cultuur en exclusieve smaak. Dit isolement sluit ons af van de immense taak om onze fysieke omgeving vorm te geven. / Om de nieuwe uitdagingen van een stedelijk Europa aan te gaan, moeten wij dit alleenrecht waarop we aanspraak maken, verbreken. / We moeten ons engageren in opgaven die we vroeger ontkend hebben om zo ons werkdomein uit te breiden. / Dit verruimde veld ligt open ter verovering.'

De opstellers van dit manifest zijn zich bewust van de verbanden tussen lokale en globale realiteiten. Ze interesseren zich voor de alledaagse leefwereld binnen een Europa dat zichzelf opnieuw moet uitvinden. Ze kennen zichzelf een sleutelrol toe omdat ze gewend zijn aan het omgaan met verandering, kennis hebben van verschillende realiteiten, technologie, financiën en bouwtechniek. Ze kunnen veranderingen verbeelden en scenario's ontwikkelen en zijn daarbij bereid om ongebruikelijke samenwerkingsverbanden aan te gaan en fysieke en disciplinaire grenzen te overschrijden. De kern van hun betoog betreft echter het pleidooi voor een engagement met de alledaagse stedelijke werkelijkheid.

Deze instelling vertoont verwantschap met de regels van de Nieuwe Actonomie, zoals beschreven in *Democracy Unrealized*.[3] Opval-

Next

of influence increases and designs by Morphosis, Libeskind or Hadid emerge all over the world in the form of a shopping centre, a museum or university the power of a valuable body of thought that originally formed the foundation will crumble away even further. Architectural conceptions roll like replicas over the globe and come to a halt in one of the privileged investment zones.

A new generation will have to expose an alternative field of activity that is not overshadowed by this spectacular architecture, one that has its roots in the previous century. Internationally, young architects are becoming aware that their order book is determined by their ability to define a new interrelationship with the surrounding reality. This was expressed by a young group of European architects who met in Antwerp in the spring of 2002 at the invitation of the Flemish Master Builder.[2] Here are a number of quotations from the manifesto they compiled:

> 'Europe is trying to unite. / Architecture is the principal constituent of our physical environment. / Architecture should be accessible to everyone. / Nevertheless, we architects have marginalised architecture by burying ourselves in a world of elevated culture and exclusive taste. This isolation cuts us off from the immense task of designing our physical environment. / In order to take up the challenges of a new urban Europe, we must break up this exclusive right to which we lay claim. / We must engage in assignments that we have repudiated in the past in order to broaden our field of activity. / This broadened field lies waiting to be conquered.'

The compilers of this manifesto are aware of the correlations between local and global realities. They are interested in the everyday living environment within a Europe that has to rediscover itself. They assign themselves a key role because they are used to dealing with change, and have a knowledge of different realities, technology, finance and building techniques. They can conceive changes and develop scenarios and are thereby prepared to enter into unorthodox partnerships and transgress physical and disciplinary boundaries. The crux of

lend is dat ook in hun uitingen de vorm van het manifest terugkeert. De aandacht is gefocust op het heden; disciplinaire afbakeningen en a-priorische veronderstellingen betreffende goed en fout worden gezien als te overwinnen belemmeringen. Er is veel aandacht voor het benutten van informatienetwerken om kennis in bezit te krijgen en te gebruiken voor het marketen van de eigen opvattingen. In plaats van te streven naar vaste posities kenmerken deze netwerken zich door wisselende samenwerkingsverbanden in niet-hiërarchisch geordende netwerken. Ten aanzien van de macht van het *corporate capital* propageren ze een soort van guerrilla:

> 'Neem de claim op de toekomst over van de ondernemingen. Lees zoveel mogelijk ondernemersliteratuur en wees niet bang dat deze je zal beïnvloeden: het zal. Beschik over voldoende ethiek om met deze ideologische restanten om te kunnen gaan. Activisme en ondernemerschap hebben veel gemeen. Trek profijt van je onbeperkte vermogen tot gedaanteverwisseling. ... Bevrijd jezelf van het idee dat

vijandige concepten de strijd compromitteren. ... De uitdaging is om middelen en bronnen te gebruiken die niet van jou zijn, maar gebruik ze alsof ze je toebehoren.' Samenwerking binnen dergelijke netwerken vindt plaats met behoud van en respect voor de culturele verschillen tussen de deelnemers. Het gemeenschappelijke doel ligt in het slechten van specifieke grenzen. Globalisering vestigt grenzen en creëert nieuwe verschillen met het doel winsten te optimaliseren. In het Westen is de aandacht lange tijd eenzijdig gericht geweest op de potenties van globalisering voor het verbeteren van de eigen positie. Daarmee ging men voorbij aan het feit dat het slechten van grenzen een tweezijdig effect heeft. Rijke werelddelen hebben geen alleenrecht op winst, werk, wonen en welvaart. Bewoners van de armere regio's eisen hun deel

in de welvaart op. De strijd om het slechten van grenzen richt zich op gelijke toegankelijkheid van werk, opleiding, kennisnetwerken en huisvesting, uitgaande van het principe dat geen

After

their argument, however, concerns the plea for an engagement with everyday urban reality. This position demonstrates affinity with the rules of New Actonomy, as described in *Democracy Unrealized*.[3] What is remarkable is that in their utterances, too, the form of the manifesto returns. Attention is focused on the present; disciplinary delineations and *a priori* suppositions regarding right and wrong are seen as impediments to be overcome. Great attention is paid to exploiting information networks to gain information, and using it to market their own interpretations. Instead of aspiring to fixed positions, these networks are characterised by varying collaborative partnerships in non-hierarchically-ordered networks. As regards the power of corporate capital, they propagate a sort of guerrilla approach:

> 'Seize the claim on the future from the entrepreneur. Read as many professional journals and books on the subject as possible and do not worry whether these will influence you: they will. Have sufficient ethics at your disposal to be able to cope with these ideological remnants. Activism

and entrepreneurship have much in common. Benefit from your unlimited ability to undergo transformation... Free yourself from the idea that hostile concepts compromise the struggle.... The challenge is to use resources and sources that are not yours, but to use them as if they belong to you'.

Collaboration within such networks takes place with retention of, and respect for, cultural differences between the participants. The common goal lies in demolishing specific boundaries. Globalisation establishes new boundaries and creates new differences with the aim of optimising profits. In the west, attention has long been directed one-sidedly at the potentials of globalisation for improving its own position. In doing this the fact that the demolition of boundaries has a twofold effect has been ignored. Rich continents have no exclusive right to profit, employment, housing and prosperity. Inhabitants of the poorer regions demand their share of the prosperity. The struggle to demolish boundaries is directed at equal accessibility to work, education, networks of expertise and

mens illegaal is. Ontwerpers kunnen zich ook in de westerse wereld nauwelijks onttrekken aan deze thematiek. Zonder de ambitie te hebben de wereldgeschiedenis te veranderen, moet het mogelijk zijn om in het dagelijks werk stil te staan bij de eigentijdse stedelijke machtsverhoudingen. De strijd voor het slechten van grenzen impliceert mogelijk de herdefiniëring van het publieke domein. Samenlevingen kenmerken zich onder meer door de grenzen die ze proberen te handhaven. Architecten en stedenbouwers werken mee aan het stellen en slechten van deze grenzen. Van hen mag een zodanig engagement verwacht worden, dat ze zich op z'n minst bewust zijn van de maatschappelijke effecten van hun interventies. Dat is alleen mogelijk wanneer ze bekend zijn met de verschillende realiteiten die binnen hun werkterreinen bij elkaar komen.

De Engelse titel 'Fresh Facts' van de Nederlandse presentatie verwijst naar realiteit als waarheid, maar ook naar cijfermatige feiten. Het beeld dat buitenlanders van de Nederlandse architectuur hebben, is in hoge mate bepaald door de inventieve wijze waarop de pragmatisch georiënteerde bureaus grote hoeveelheden data weten te manipuleren. De vraag naar de wenselijkheid van de resulterende 'waarheden' werd zelden gesteld, evenmin als de vraag in wiens voordeel dan wel nadeel de als onontkoombaar gepresenteerde ontwerpen zouden werken. De nieuwe generatie ontwerpers is waarschijnlijk nauwelijks nog onder de indruk van deze abstracte en afstandelijke data- en beeldmanipulaties. Zij zullen eerder proberen de potenties te ontdekken die verborgen liggen in de culturele differentiaties van de hedendaagse stedelijke realiteit.

1   Okwui Enwezor, 'The Black Box', in: *Documenta 11_Platform 5: Exhibition. Catalogue*, Hatje Cantz, Ostfildern-Ruit 2002, p. 42-55.

2   Het verslag van deze bijeenkomst is terug te vinden in de publicatie *Jonge Architecten in Europa. Seminarie Antwerpen (B) 2002*, een uitgave van Het Ministerie van de Vlaamse Gemeenschap. Het seminarie werd geïnitieerd door het Team van de Vlaamse Bouwmeester.

3   Florian Schneider, 'Kein Mensch ist illegal. New Rules of the New Actonomy', in: *Democracy Unrealized. Documenta11_Platform 1*, Hatje Cantz, Ostfildern-Ruit 2002, p. 179-194.

Next

accommodation, based on the principle that no person is illegal. Designers in the western world can hardly avoid this topic. Without having the ambition to change world history, it should be possible in everyday activity to give a moment's thought to the contemporary urban balance of power. The struggle to demolish boundaries possibly implies the redefining of the public domain. Societies are characterised, among other things, by the boundaries they endeavour to maintain. Architects and urban designers participate in establishing and demolishing these boundaries. Their engagement should be that they are aware, at the very least, of the social effects of their interventions. This is only possible if they are familiar with the various realities that converge within their field of expertise.

The English title 'Fresh Facts' of the Dutch presentation refers to reality as truth, but also to numerical facts. The image that foreigners have of Dutch architecture is to a great extent determined by the inventive way in which the pragmatically-oriented architectural firms are able to manipulate vast volumes of data. The question as to the desirability of the resulting 'truths' is seldom raised, neither is the question of to whose advantage and/or disadvantage the inescapable designs presented are to work. The new generation of designers is plausibly barely under the influence of these abstract and distant data and image manipulations. They are more likely to try to discover the potentials that lie concealed in the cultural differentiations of contemporary urban reality.

1   Okwui Enwezor, 'The Black Box', in: *Documenta 11_Platform 5: Exhibition. Catalogue*, Hatje Cantz, Ostfildern-Ruit 2002, pp. 42-55.

2   The report on this meeting can be found in the publication *Jonge Architecten in Europa. Seminarie Antwerpen (B) 2002*. This is a publication by Het Ministerie van de Vlaamse Gemeenschap. The seminary was initiated by the Flemish Master Builder team.

3   Florian Schneider, 'Kein Mensch ist illegal, New Rules of the New Actonomy', in: *Democracy Unrealized. Documenta 11_Platform 1*, Hatje Cantz, Ostfildern-Ruit, 2002, pp. 179-194.

Deze publicatie verschijnt ter gelegenheid van de uitreiking van de
eerste NAi Prijs in het Nederlands
Architectuurinstituut te Rotterdam
op 12 december 2002.
Deze tweejaarlijkse prijs is een initia-
tief van het Nederlands Architectuurinstituut en werd georganiseerd door
Hetty Berens en Saskia van Stein.
De jury bestond uit Janny Rodermond
(voorzitter), Aaron Betsky, Adri
Duivesteijn, Frédéric Migayrou, Robert
Stern en Kees van der Hoeven. De vijf
laureaten werden gepresenteerd
tijdens de Architectuurbiennale 2002
in het Nederlands Paviljoen in de
Giardini te Venetië.

This publication is to appear on the
occasion of the first presentation
of the NAi Prize in het Netherlands
Architecture Institute, December 12,
2002 in Rotterdam.
This biennial prize is an initative of
the Netherlands Architecture Institute
and was organised by Hetty Berens
en Saskia van Stein. The jury
consisted of Janny Rodermond
(president), Aaron Betsky, Adri
Duivesteijn, Frédéric Migayrou, Robert
Stern and Kees van der Hoeven. The
five nominees were presented during
the Venice Biennale for Architecture
2002 at the Dutch pavilion in the
Giardini in Venice.

Redactie en samenstelling
Compiled and edited by
 Véronique Patteeuw en/and Saskia
 van Stein met/with Hetty Berens

Eindredactie
Copy-editing
 Els Brinkman

Vertaling
Translation
 Sarah-Jane Jaeggi-Woodhouse

Fotografie
Photography
 Ralph Kämena

Grafische vormgeving
Graphic design
 Coppens en Alberts

Lithografie en druk
Lithography and printing
 Drukkerij Die Keure, Brugge

Uitgever
Publisher
 Simon Franke

NAi Uitgevers is een internationaal
georiënteerde uitgeverij gespeciali-
seerd in het ontwikkelen, produceren
en verspreiden van boeken over architectuur, beeldende kunst en verwante
disciplines.

NAi Publishers is an internationally
orientated publisher specialized in
developing, producing and distribu-
ting books on architecture, the visual
arts and related disciplines.

www.naipublishers.nl

Printed and bound in Belgium
ISBN 90-5662-277-3